回到常识

一位博士的16堂小学语文课

黄耀红／著

HUI DAO CHANGSHI

漓江出版社
·桂林·

图书在版编目（CIP）数据

回到常识：一位博士的 16 堂小学语文课 / 黄耀红著
. -- 桂林：漓江出版社，2023.11
ISBN 978-7-5407-9497-2

Ⅰ. ①回… Ⅱ. ①黄… Ⅲ. ①小学语文课—教学研究
Ⅳ. ① G623.202

中国国家版本馆 CIP 数据核字（2023）第 186469 号

回到常识：一位博士的 16 堂小学语文课

作　　者　黄耀红

出 版 人　刘迪才
策划统筹　文龙玉
责任编辑　宗珊珊
助理编辑　周冬辉
书籍设计　周泽云
营销编辑　俞方远
责任监印　黄菲菲

出版发行　漓江出版社有限公司
社　　址　广西桂林市南环路 22 号
邮　　编　541002
发行电话　010-85891290　0773-2582200
邮购热线　0773-2582200
网　　址　www.lijiangbooks.com
微信公众号　lijiangpress

印　　制　大厂回族自治县聚鑫印刷有限责任公司
开　　本　710 mm × 960 mm　1/16
印　　张　18
字　　数　240 千字
版　　次　2023 年 11 月第 1 版
印　　次　2023 年 11 月第 1 次印刷
书　　号　ISBN 978-7-5407-9497-2
定　　价　59.80 元

目录

第一课

诗意兴发

——《春夜喜雨》课例研究

一、开启想象之门

不知道同学们有没有过这样的经历：当你读到某个词语、某个句子的时候，你的脑海里会忽而浮现出与这些词句相关的形象、情景和细节。比如，读到“白云”，我们会想到蓝天，想到大雁；读到“春节”，我们会想到新年礼物，想到童年往事。是的，因为联想，因为想象，我们的心灵就像长着一对隐形的翅膀，让我们拥有一片属于自己的诗意天空。

在座的绝大多数同学都是十二三岁的孩子，人在这时候的思维主要以形象思维为主，联想与想象最为发达。这节课，我想先来测试一下同学们的联想力与想象力，好吗？

（板书：春雨）

同学们，看到“春雨”这个词，你们能联想到哪些和它相关的景物，哪些和它相关的场景、哪些美好的画面？看谁的联想更丰富，更优美。

有学生说由春雨想到花朵，想到绿草，想到田野；有学生想到老师的话语，想到妈妈的教诲，等等。

（教师不断启发学生说得更丰富，更具体，更美）

你看，当我们的联想与想象沉睡的时候，写在黑板上的“春雨”不过是两个平常的汉字。一旦我们唤醒了联想，唤醒了想象，我们的思想就由冬天飞到了春天。这，就是联想与想象的力量，也是思想的力量，更是语文的力量。

今天，我们要学习的是一首唐诗，也是写春雨的。这首诗是谁写的呢？是杜甫。以前，我们学过杜甫的诗吗？谁来介绍一下？

（学生回答杜甫作品）

教师补充：杜甫是与李白齐名的唐代大诗人。他一生漂泊，活了58岁，其中，从48岁开始，在成都度过了4年。他住在风雨飘摇的草屋之中，今天的成都有“杜甫草堂”，供后人凭吊。杜甫生命中的最后两年是在长沙度过的。他于公元769年到长沙，先住在游船上，后在小西门一带租房而居，称其为“江阁”。现在湘江风光带建有“杜甫江阁”。“两个黄鹂鸣翠柳，一行白鹭上青天。窗含西岭千秋雪，门泊东吴万里船。”这首妇孺皆知的《绝句》就是杜甫的作品。

二、获得欣赏的门径

春夜喜雨

【唐】杜甫

好雨知时节，当春乃发生。
随风潜入夜，润物细无声。
野径云俱黑，江船火独明。
晓看红湿处，花重锦官城。

杜甫这首写春雨的诗，到现在已经有1000多年了，一直为人们传诵。你们的爸爸妈妈读过，爷爷奶奶读过，爷爷的爷爷读过，奶奶的奶奶读过，祖祖辈辈都读过。杜甫离世1000多年了，可是他的诗永远不会死。因为他的这首诗，那一场唐代的春雨一直在文学的天空飘飘洒洒。这就是诗的不朽，文学的不朽，这样的诗就是经典。对于经典诗歌，我们一般用什么方法来学习呢？

我们一起明确一下学习步骤，好吗？

（板书：朗读—品味—背诵）

（一）朗读

1. 指名读

我想找个同学朗读，大家听听，看他是不是把每个字音都读准了。你觉得这首诗里哪些字特别容易写错？请给出“特别提醒”。

【学生回答之后，教师归纳并板书：1. 潜（qián） 2. 润（rùn） 3. 径（jìng） 4. 俱（jù）】

给“潜”找个同音字（“前”），给“润”组词（滋润），给“径”找个形近字（“经”），解释“俱”字（都，与“具”区别）。

请同学们用手指在空中将这些字写 4 遍，默记。

2. 带读

同学们，你们知道吗？在世上所有的语言中，汉语是最富音韵性的。不知大家是否注意到，在古典诗歌中，最多的是五言诗、七言诗。我们想想，为什么偏偏是五言、七言，而不是六言、八言呢？这涉及诗歌朗读的节奏问题。

对于五言诗，一般可以切分为 2/3 节拍，而七言诗可以切分为 2/2/3（如：秦时 / 明月 / 汉时关）。有人算过，我们一口气读诗，以七言最方便，若九言，就换不过气来。下面，老师带大家读一遍诗歌。请大家特别注意诗句里的节奏美。

注意：停顿时，声断气连，有起有伏，有高有低，有开有合。

教师带读：好雨 / 知时节，当春 / 乃发生。……

3. 齐读。

（二）品味

1. 整体感知

杜甫的这首诗，写的确实是“春雨”。但我有一个疑问，既然写的是“春雨”，诗的标题可不可以就叫作“春雨”呢？就是说，我把现在标题中的“夜”字与“喜”字去掉行不行？回答这个问题的时候，我有一个要求，就是一定要扣住诗句内容来谈。我觉得，你对这个问题理解到什么程度，足以说明你对这首诗理解到了什么程度。

学生可能提及：突出“夜”之特点的诗句有“随风潜入夜，润物细无声”“野径云俱黑，江船火独明”“晓看红湿处，花重锦官城”等。至于“喜”之心情，则渗透于全诗之中，如“好雨知时节，当春乃发生”等。

同学们的自主欣赏真的非常棒，非常不错。这说明，只要找到了门径与方法，欣赏诗歌一点都不神秘。同学们都可能成为优秀的诗歌评论者。

2. 传授方法

我想教大家一种欣赏诗歌的方法，这种方法就是圈点法。讲这个方法之前，先讲一点点律诗的知识。我们学过绝句，也学过律诗，绝句只有四句，律诗有八句。八句构成四联。每一联，给它安个名称。首，即头；颔，即下巴，颈即脖子。

（板书：首联—颔联—颈联—尾联）

下面我们就学着用圈点评注法进一步欣赏这首诗的妙处。

（1）先看首联：好雨知时节，当春乃发生。你觉得要圈哪些字？

可能圈“好”，可能圈“知”，可能圈“发生”。

（板书：知——发生）

“知”是什么意思？知道，懂得，明白。从科学的角度讲，春雨沙沙沙，完全是大自然的一种现象。它会知道、它会懂得、它会明白春天的到来吗？不知道。然而，在诗人眼里，雨确实好像是一个精灵，它就是知时节，就是知道春回人间了。在这里，诗人笔下的“雨”成了适时而来、善解人意的“好雨”。这是一种拟人化的、有生命、有感知能力的雨。诗人把春雨当成了什么人？

这一句诗里的“发生”与现在讲的“发生”是一个意思吗？古汉语里多是单音词。这里的“发生”是两个词。“发”即催发，“生”即生机。其实，发生，是催发生机，也是催发生长，还是催发生命。“乃发生”的“乃”是“就”的意思。

你想想，春雨啊，它一到春天就催发生机。现在，让我们闭上眼睛，让我们的思维从这间教室起飞，一起飞，飞到春天的田野、河畔、山峦，看看有多少生命的生机被春雨催发了。

（学生想象并描述诗意的情景）

（2）接下来，请同学们举一反三，圈出颔联中的关键词。你觉得哪些值得圈出来？说说你的理由。

【板书：潜（前）——润（滋润）】

其一，“潜”。如果将“随风潜入夜”写成了“随风前入夜”有没有影响？为什么？

有影响。“潜”这个字让你联想到什么动作？轻手轻脚，不声不响，神不知鬼不觉。这个“潜”字，写出了春雨的轻盈，春雨的神秘，春雨的机灵，春雨的可爱，春雨带给人意外的惊喜。一句话，它写出了春雨的奇妙与美好。

其二，“润”。这里的“润”相当于哪个词？“滋润万物”“润泽万物”。滋润是种怎样的过程啊？看得到吗？听得到吗？看不到，听不到，只有心灵才能感觉得到。想想看，我们坐在温暖的屋里，听窗外春雨沙沙，敲打着窗棂，敲打着屋顶，那时候，多少花，多少草，多少新芽，多少嫩叶，多少树，多少生命都在像吸取琼浆一样吸收着春雨，那是无可替代的、大自然馈赠的生命养料啊！就像妈妈的乳汁滋养着孩子一样，春雨滋润着整个世界。

（3）接下来的这一联，写“野径云俱黑，江船火独明”。有人说，这两句没有写到春雨，好像跑题了。你的意见呢？

没有跑题。在写雨云。云越多、越密、越厚说明什么？说明雨下的时间越长。我们看云多不多？请大家将“野径云俱黑”中的“俱”，“江船火独明”中的“独”圈出来，我们改动这两字，比较比较，看这样改了有没有影响？

野径云已黑，江船火皆明。

【板书：俱（已）——独（皆）】

将“云俱黑”中的“俱”改成“已”行吗？将“火独明”中的“独”改成“皆”行吗？

“俱”，是都的意思，都黑了，说明云又多又密。

“独”，反衬出夜之“黑”。到处都是黑的，船火才显得很亮。像现在，万家灯火，湘江里渔船上的灯火就不起眼了，是不是？

还有，这一联，对仗得特别好。对仗，也是中国语言里特有的修辞手法。过年的时候，家家户户都贴对联，那都是对仗的句子。你能举出什么对仗的诗句来吗？你发现对仗有何规律？

（4）最后一联。我们圈哪些词？

（板书：湿——重）

这两个字都用得非常好。为什么？

“湿”与“重”都写出了雨后春花的特点，湿漉漉的，沉甸甸的。“重”是个多音字，这里可以念 chóng 吗，为什么？

锦官城，即成都。可见，这首诗写于杜甫定居成都时。

这两句不是实写，完全是诗人的想象，与“小楼一夜听春雨，深巷明朝卖杏花”有异曲同工之妙。

现在，我们来玩个游戏。我们假设这首诗不是写于成都，而是写于长沙望月湖。我来将诗句改一改，根据对仗的规律，你看下面如何改？

岳麓云俱黑，____________。

晓看红湿处，花重长沙城。

3. 有感情地朗读

对比两种朗读方法。请注意老师的表情。

好雨知时节，当春乃发生。（漠无表情）

好雨知时节，当春乃发生。（声情并茂）

（1）有感情地自由朗读。

（2）齐读。

（3）男女生交叉读。

（4）指名表演读（一男一女上台表演读，不能带书）。

（三）背诵

（略）

三、拓展

这首诗写的是春雨，其实，每个季节的雨是不一样的。下面我再写一首唐代诗人的诗。《夜雨寄北》，作者是李商隐。

君问归期未有期，巴山夜雨涨秋池。

何当共剪西窗烛，却话巴山夜雨时。

大家看看，这首诗也写到雨，这里的雨有什么特色？这首诗有什么特色？

这里写的也是“夜雨”，不过是秋天的夜雨；这里表达的不是“喜悦之情”，而是“思念之情”。《春夜喜雨》主要是写雨本身，这里是借雨来表情。

四、运用

现在，我请每位同学准备一张纸，写上“春雨”二字。假设一下，明天是教师节或母亲节，我们以“春雨”为题给老师或妈妈写几句小诗，看看会不会写？不写律诗，写一句是一句，写两句是两句，看谁写得漂亮，写得有创意。

五、名师点评

让古诗教学回家

徐朝霞

教育是条回“家”的路，教师则是掌灯的人，而路，走平实了，就不会遥远。

在经历了繁忙琐碎的新课改实验后，我们的教学开始渴望回归自然和简单，现在就让我们随着黄耀红老师的课堂教学，伴着那一场千年前飘飘洒洒的春雨，在静谧的课堂中，做一次充满诗意的禅味教学之旅。

追寻真实

学习是教学的出发点，也是教学的归宿，研究学生的学习，才能真正地让课堂教学返璞归真。很多人喜欢把课堂说得很神秘，要制造课堂氛围，要体现教学艺术，要这样要那样。到最后，什么都想到了，就是忘记了真实。我们看黄老师的课堂，一切教学活动都是通过学生自己去完成、去实现的：从最初看到“春雨”这个词的联想→朗读时对古诗节奏的指导→扣住诗句内容整体感知诗歌→圈点重点词句感悟诗意→发现古诗对仗的规律→适度地拓展与创造，无不体现着学生自主的学习需求，点点滴滴都透着一个“真实”。

的确，真实才是美的，真实才具有魅力。因为真实，黄老师成了同学们的知心朋友；因为真实，黄老师的课堂教学，生动活泼又自然随意，课堂上师生和文本之间、师生之间、学生之间的真情对白，常常会引发阵阵惊呼与笑声。下面，我们不妨来看看几个细节：

当学生依据汉字“春雨”做相关想象后，黄老师说：“你看，当我们的联想与想象沉睡的时候，写在黑板上的‘春雨’不过是两个平常的汉字。一旦我们唤醒了联想，唤醒了想象，我们的思想就由冬天飞到了春天。这，就是联想与想象的力量，也是思想的力量，更是语文的力量。”我想，孩子们此时惊叹的，一定是，汉字是一种多么美丽的文字啊！

在“获得欣赏的门径”环节，他说：“杜甫这首写春雨的诗，到现在已经有1000多年了，一直为人们传诵。你们的爸爸妈妈读过，爷爷奶奶读过，爷爷的爷爷读过，奶奶的奶奶读过，祖祖辈辈都读过。杜甫离世1000多年了，可是他的诗永远不会死。因为他的这首诗，那一场唐代的春雨一直在文学的天空飘飘洒洒。这就是诗的不朽，文学的不朽。”诗歌是我们民族的瑰宝，它滋养了我们民族的世世代代。诗歌就是这样和我们的生活息息相关，语文就是这样真实地存在于我们的生活。我想，孩子们在阵阵笑声中真切地感受到了这一点。

扣住“知”字理解诗意时，“你想想，春雨啊，它一到春天就催发生机。现在，让我们闭上眼睛，让我们的思维从这间教室起飞，一起飞，飞到春天的田野、河畔、山峦，看看有多少生命的生机被春雨催发了。”可以想象，孩子们描述的诗意情景一定是饱含了生机的，语文原来是这样富有生命力的。

黄老师用他的睿智告诉我们：在一个真实的课堂里，孩子是永远充满了好奇心、求知欲、创造力的。就让我们努力去追寻课堂中逐渐失落的“真实”吧！

科学整合

“叶上初阳干宿雨、水面清圆，一一风荷举。”让孩子们学习的每一首古诗都如同一枝枝风荷，在雨中摇曳出古诗词的生命色彩；让学生的每一个体验，都能感受诗的曼妙与灵动。

新的语文课程标准中要求小学生背诵160篇古诗文（段）[①]。虽然这个数目只不过是浩瀚诗海中的一滴，但对初学古诗文的小学生来说，恐怕有望洋兴叹之感。加之古诗文在选编进教材时，又不成

① 依据《义务教育语文课程标准（2022年版）》的相关规定。

体系。怎么办？科学整合，既节省了教学时间，提高了教学效率，创造性地使用了教材，又有利于学生从整体上把握各诗的异同，掌握古诗的基本学习方法并举一反三。

我想，在这个方面，黄耀红老师为我们提供了极有价值的借鉴。他教的是杜甫的《春夜喜雨》，可是课堂上引用或帮助理解的相关诗歌却多达数首。在指导七言诗朗读的节奏时，以“秦时明月汉时关”为例；在理解“晓看红湿处，花重锦官城”时，引导学生体会与“小楼一夜听春雨，深巷明朝卖杏花”的异曲同工之妙；最有创造性的是“拓展”环节，将《春夜喜雨》与李商隐的《夜雨寄北》进行对比学习。也许学生还不能清晰地理解两首古诗不同的诗境、诗情、诗风，但同样写雨的古诗放在一起学习、对比，这种更有助于体悟不同诗歌意境的学习方法已经深入学生的心底。

多重实践

曾经有记者在采访英国首相丘吉尔时，问他：假如在莎士比亚和印度（印度曾是英国的殖民地）之间做出选择，英国会选择什么？丘吉尔不假思索地脱口而出：宁可失去100个印度，我也不愿失去莎士比亚！我们经常感叹，有些孩子在承袭中华传统文化方面看上去做得更好一些。为什么呢？我想，这恐怕得益于他们经常做的古诗词学习综合应用实践活动。

黄老师在教授《春夜喜雨》时，让学生有了两次实践的机会。一次是在理解完诗歌后，根据对仗的规律，做诗句改一改的游戏：“我们假设这首诗不是写于成都，而是写于长沙望月湖……你看下面如何改？”

岳麓云俱黑，湘江火独明。

晓看红湿处，花重长沙城。

还有一次是“运用”环节，让每位同学以“春雨”为题给老师或妈妈写几句小诗。

有一位教美术的同行曾写过一篇《我不在乎他们画得像不像》，

我为他的境界所折服。面对孩子们这些稚嫩却充满热情的文字，我想黄老师也想说——我不在乎孩子们写得好不好，因为我们的语文教学不是要把学生培养成诗人，而是让他们获得一份对中国传统文化的向往，让他们更多一份语言的醇厚与灵动，更多一份精神的丰裕与深广。

小说家金庸说："外国人常问什么叫'中国特色'，我想把中华古诗文拿出来，随便背一篇就能说明问题。我有一位英国教授朋友来中国，早晨起来散步，鸟语花香，一位正在修剪花枝的园丁向他打招呼：'春眠不觉晓，处处闻啼鸟啊！'他乘船过三峡，又听一位水手吟道：'……轻舟已过万重山。'他感慨不已：一个连贩夫走卒都知道古诗文的国度，文化根基自然了不起。"

在黄老师的课堂上，我欣喜地看到，设计有一个专门的环节让孩子背诵古诗，给出足够的时间。我想，黄老师让孩子背诵古诗除了必要的积累，更多的是一种情感的、民族性格的熏陶。在孩子幼小、心灵纯净之时，由经典奠基，可以激发起他们一生的文化向往。

写到这儿，我不禁想起了李振村先生说过的一句话："只有一个国家的文化和历史活着，这个国家才活着。"这是写在一条横幅上的一句话。这条横幅高悬在历经战乱、千疮百孔的阿富汗国家博物馆大门上。

第二课

学会追问

——《自己的花是让别人看的》课例研究

一、引入

师：昨天预习了《自己的花是让别人看的》，学习里面的字词，谁还记得这篇文章的作者？

生：季羡林。

（师指名上台书写“羡”字）

师：对，这可是一位了不起的大学者。有没有人知道他的一些情况？

生：他是北京大学的一名教授，做过北大的副校长。

师：你的知识面挺宽的。季羡林，一位健在的老人，生于1911年，今年多大年纪了？对，98岁高龄。[①]世上难逢百岁人，我们都该叫他爷爷。一个人单纯高寿，似乎也没什么大不了的。问题是，季爷爷的学问也挺高。19岁即考上清华大学，学德语；24岁又考上赴德国的研究生，主要学习梵语；30岁获得博士学位；35岁进入北京大学。他精通12种语言，在语言文字学、历史学、佛学、东方学等诸多学术领域都取得了了不起的成就，他的作品收集在《季羡林文集》里，共有24卷。今天我们要学习的《自己的花是让别人看的》，只是一篇很短很短的小文章，相对于季爷爷的等身著作来说，真的只是森林里的一片树叶，大海中的一朵浪花。但，这又确实是很美的一片叶子，很美的一朵浪花。

---

① 季羡林先生于2009年7月11日逝世，享年98岁。本课开讲时，季羡林先生尚在。

二、发现与问难

师：同学们预习之后，我很想知道两方面的情况：第一，你有没有感兴趣的地方？如果有，是哪些地方？第二，你有没有不理解的地方，有没有想要和大家交流的问题？

生：（略）

师：同学们的发现与质疑都很不错。在接下来的学习中，我们相机解决。学习一篇课文，希望大家能够从发现与质疑开始。

三、在比较中追问

（一）感受追问的魅力

师：今天，我最想教给大家的是一种读书的方法。这种方法叫追问式读书。追问，就是打破砂锅问到底。如何"追问"呢？在比较中追问。我们的广告语就是：不怕不知道，一比见分晓。你们想不想试试这种读书方法？

生（齐声）：想！

师：先请同学们齐读课文第 1 段。

生：（略）

师：这一段似乎没什么不好懂，也没什么好追问。是吗？可是，不急，如果我们引入比较的方法，问题就来了，而且还是挺有意思的问题。我们看第一句：爱美大概也算是人的天性吧。我请大家用笔将"大概""也算"用括号括起来，想一想，用上这两个词，与不用这两个词，有区别吗？有什么区别？

生：有区别。用上这两个词，说明说话的语气不那么肯定，像是商量的口吻。

师：很好。我们再看：这一段里有 3 个句子。先讲人们爱美，再讲花是美的东西，最后讲人们爱花。如果我们把“爱美大概也算是人的天性吧”一句去掉，文章似乎也没受多大影响，是这样吗？

生：有影响的。由爱美说到花美，由花美说到爱花，这样表达很顺畅。

师：能不能联系标题想一想？

生：文章标题是“自己的花是让别人看的”。自己养了花，别人不会不看。因为爱美大概是人的天性呀！

师：真聪明！

（二）继续扣住字词追问

师：关于追问，我们已经小试牛刀。下面，我请左右两个方阵每边推一个代表来朗读一段课文，对应方阵为大众评审团。请大家评评他的朗读水平，一看字音读准了没有，二看他读得有没有感情。

（2 名学生分别朗读第 2 段与第 3 段）

师：刚才读的这两段，其实是一个整体。你们发现了吗？依据是什么？

生：这两段是紧接着的，第 2 段的结尾是“正是这样”，第 3 段的开头则是“正是这样，也确实不错”。

师：很明显的标志。还有标志吗？

生：第 2 段开头写道“四五十年以前我在德国留学的时候……”，第 4 段开头说“今天我又到了德国”，这说明第 2、3 段都是作者的回忆。

师：同学们的发现能力不错。下面我们还是扣着词语来追问。我们看第 2 段的第一句：四五十年以前我在德国留学的时候，曾多次对德国人爱花之真切感到吃惊。请圈出“吃惊”这个词。我们试着用别的词来替代这个词。说感到“奇怪”行吗？感到“怪异”呢？感到“有趣”呢？

生：不行。当时，德国人养花的特别之处确实不是一般的奇怪，作者被震动了，感到惊讶。

生：这里作者的心理不会是“有趣”，因为德国人养花跟我们国内太不一样了。

师：哪些情况让作者“吃惊”？

生：家家户户都在养花。

生：德国人养花不像中国人。中国人喜欢把花养在屋子里，即使养在阳台上，也要把阳台封起来。

师：对！德国可不是这样的。请注意这句话：“他们是把花都栽种在临街窗户的外面。”我觉得这句话还不够简洁，可以去掉“临街”这个词吗？

生：不能。一座房子的窗子很多，这里特别说明是“临街”的那一面窗。

师：这说明德国人这样养花不是无意，而是有心的，是吗？你还从哪些地方看出来德国人的这份“心”？

生：女房东说完话之后，“莞尔一笑”，说明她的心里想的正是“自己的花是让别人看的”。

师：第3段里有很多与“家家户户”这个词相呼应的地方，找找看。

生：“任何一条街”“家家户户”“每一家都是这样”……

师：可见，德国人的这种养花方式，其实是一种习惯、一种风俗。它不是一个人的习惯，也不是一个地方的风俗，而是整个民族共同的心理。这太了不起了！

这种共同的民族心理，给德国人带来了美丽。那是一种怎样的美丽啊！请默读第3段，说一说你喜欢的词语和句子。

生：“花团锦簇”“姹紫嫣红”……

生：许多窗子连接在一起，汇成了一个花的海洋，让我们看的人如入山阴道上，应接不暇……

师：能否说一个句子，用上“花团锦簇”“姹紫嫣红”“如入山阴道上”“应接不暇”等词句？

生：（略）

师：想想看，在德国，每家每户的窗前，不是挂着笨重的空调机，不是装着千篇一律的防护栏，不是雨阳棚，而是花开千万朵，芬芳满大街。那是一种怎样的美景啊！请圈出两个动词：“连接”与“汇成”。如果我们将两个动词的“座位”调换一下，行不行？

生：不行。描写窗子，用“连接”。只有“汇”字才与“花的海洋”相配。

师：“如入山阴道上，应接不暇”，这里有个典故。它出自一本叫《世说新语》的书。山阴，是个地名，在浙江。我们没去过，想象一下，山阴道上会有什么特点？

生：花红柳绿，景色变化。

生：花团锦簇，美丽怡人。

师：在德国，家家户户窗前的花可以汇成“花的海洋”。我在想，他们为什么会这样自觉？

（生齐读：“每一家都是这样，……耐人寻味的。”）

师：如何理解“人人为我，我为人人”？你有这样的生活感受吗？你读过相关的故事吗？

生：公交车上，我给年老的人让座，我想，我老了的时候，也会有孩子为我让座。

生：教室的卫生，我们今天做好了，利于大家；明天，别人做了，也利于我们自己。

（为学生讲述《盲人点灯》的故事。大意是，夜里行走的盲人，自己本来看不见，但他依然点灯，目的在于让别人看到他。这其实是一种“人人为我，我为人人”的境界。）

（为学生讲述《天堂与地狱》的故事。大意是，教士将一个人带到一间房子，里面有一口大锅，锅里有美味的汤。十多个人围锅而坐，每人面前都有一把柄特别长的勺子，自己能舀，但吃不到。于是十多人都饿得面黄肌瘦。教士将这个人带到另一间房子，里面同样有大锅、有美味的汤、有十多人、有长柄勺子，但个个面色红润健康。为什么呢？在这里，每个人都用长勺舀汤喂给他人吃。这同样是“人人为我，我为人人”的一种境界。）

师：我们以前学过的童话《巨人的花园》，其实在某种程度上也说明“人人为我，我为人人”之必要。一旦巨人将花园据为己有，花园就冰封雪冻。想想看，“人人为我，我为人人”是一种什么样的境界？能不能找个形容词来描述？

生：美好的境界。

生：崇高的境界。

师：对，这是一种思想境界、精神境界、道德境界，也是一种人生境界！我们再深情地朗读第3段。

四、举一反三，学会追问

师：请大家默读最后一段。然后，仿照老师刚才的提问方式，提出问题给老师或其他同学回答。

生：“变化是有的，但是美丽并没有改变。”“变化”，是指什么？“美丽”包含的东西是什么？

师：这里的美丽，应当包括精神、气质、思想、情怀等许多看不到的东西。

生：作者有一句感慨：“多么奇丽的景色！多么奇特的民族！”把这句改成“多么美丽的景色！多么美丽的民族！”可以吗？为什么？

生：“奇丽”不同于“美丽”，“奇丽”说明是独一无二的。

生：“美丽”不能形容民族。

师：美丽的民族应当还是可以的。

生：如何理解结尾提到的“一个花的梦”“一个思乡的梦”？

生：这说明季爷爷难忘在德国的十年生活。

师：是的，季爷爷从24岁到34岁生活在德国，他当然对这个地方充满深情，那是他魂牵梦绕的地方。这个地方虽不是他出生的故乡，却是他成长的故乡。特别是，“自己的花是让别人看的”那种自觉追求，那种“人人为我，我为人人”的美丽境界，正是他一生守望的精神故乡！

（生齐读第3段）

师：德意志这个民族确实非常优秀，优秀得近乎卓越。他们拥有世界上最杰出的哲学家，如马克思、黑格尔、康德、叔本华、尼采，也有最卓越的科学家，如数学家高斯、莱布尼茨，等等，不知这与他们爱花的习俗和心理之间有没有关系，同学们长大之后可以探索这个问题。

五、拓展与迁移

师：学了这篇课文，可能对你终身有用的一句话是什么？

生（齐）：自己的花是让别人看的。

师：其实，我们再往下追问，是不是只有“自己的花是让别人看的”？我们试着来拓展自己的思路。下面我来说上句，请同学来接下句，特别注意用词。

师：自己的电话是让别人——

生：使用的。

师：自己的衣服是给别人——

生：欣赏的。

师：自己的成功是让别人——

生：欣赏的。

师：自己的快乐是被别人——

生：传递的。

师：自己的文章是跟别人——

生：交流的。

师：自己的成长是被别人——

生：见证的。

师：你们的反应真是相当敏捷。再来看，这里有两幅照片（多媒体展示）。左边是德国住宅楼实景，窗外都有花；右边是中国的商住小区，窗外都空荡荡的。如果我们想在自己的小区里发出一个将花养在窗外的倡议，这个倡议书该如何写？这个练习，就当今天的家庭作业。

六、名师点评

好的语文课直达心灵

——评《自己的花是让别人看的》的教学

陈艳萍

美的语言总能激荡人的心灵乃至灵魂。教师要擅长运用语言，在你的课堂里，用那些或激情，或优美，或灵动，或奔放的语言，汇编成美妙的乐章。乐章叮当地响着，时不时地叩击学生的心扉，使学生的心田泛起涟漪，情不自禁地追随那语言而去。

语言的张力无所不在，教师得具备语言的张力。只是这种“具备”，需要教师有深厚的学识与文学功底。你会用无比羡慕的口吻声情并茂地介绍季羡林吗？“世上难逢百岁人，我们都该叫他爷爷。”

这里，我听到的不是对剪辑资料的旁白，而是一个知识分子对自己景仰的学术泰斗发自内心的尊敬。他用真情在言说。这种言说难道不会如杏花春雨，点点滋润学生心灵？

这还不算什么。你听他激情澎湃地与学生言说“人人为我，我为人人”的境界：“这是一种思想境界、精神境界、道德境界，也是一种人生境界！”像是呐喊，声音里充满了力与美。它宛若一道极光，波光流转直射到学生的心田。也许学生现在收获的是些许迷惑与不解，但那言语的美与力终归会穿透时空，久久地震荡在学生心灵的回音壁，一有机会，便发出金属质地的回响。

还有一种温和的娓娓道来的言说，更能温润孩子的心灵。只是不知你能不能像他一样，兴之所至，随手就可以拈来几个韵味深长的故事：《盲人点灯》《天堂与地狱》……与孩子们一道分享。语文课上，讲故事是一种能力。因为，所有文学的源头都从讲故事开始。故事的出场，会使文本变得丰盈、润泽，使课堂变得活泼、生动。

没有思想，语言只可能苍白与贫瘠；没有思想，心灵更只能是绵软与单薄。文本解读，需要读者的真情真意，更需要读者的真知灼见。你不能简单地就词论词，就句论句。你需要领略那文字背后的深意。哪怕是一个看似不经意的词，其含义却是非常深远的。若只在其表面做浮光掠影的停留，肯定领会不到真切的内涵。比如“吃惊”一词，能换成“奇怪”或“有趣”吗？当然不能换。“奇怪”体现的仅仅是事物的变化而已，而“吃惊”却反映心灵受到的触动与碰撞。一个旧地重游的老人，脑海中承载的是满满的对往日人、事、物的回忆。而一旦发现几十年过去，一座城市最根本的特征没有改变时，老人的心情是何等惊喜？因而就有了直入主题的追问：德国人这样养花不是无意，而是有心的，是吗？你可能会惊讶于问题的直截了当，但问题本身如果能说明问题，那又有什么不妥呢？有时候，课堂上就需要这样的率真。用一种本真的追问直逼学生的心灵，让学生无法回避，也无须多虑，只需坦坦荡荡地承受这问题的撞击。如同掷石子，在极短的时间之内，迅速地掷到湖中心去，只待那一圈圈波纹扩散开来，读者与作者的心便交融在一起。然后，在心灵的深处，再猛戈一击：德国产生了很多的科学家，高斯、莱布尼茨等，这些科学家的产生与"自己的花是种给别人看的"有没有关系呢？一个意味深长的问题，一个颇具高度与深度的问题。它的意义不在于解答，而在于追寻。真正对文本解读的深度就在于此。你要教会孩子什么？你教给孩子的很多东西，多年以后，都会被遗忘，唯有思想，唯有在孩子心中播下思想的种子，才会让孩子具备思考的力量。这力量会折射出纯洁而又高尚的光泽。

教师不是布道者，无须摆着严肃、先声夺人的姿态，用话语的权势控制学生；教师不是灌浆机，不要机械地、程式化地将那些零碎的章节一股脑儿地灌到学生心里去；教师更不是表演者，矫情地表达，夸张地演示，做节目似的变换招数，除了赢得目不暇接，真正留下的恐怕少之又少。像他一样，不以博士之高，随和地走到学生中去，随意地与学生交流。笑容是亲切的，语言是温和的，交流是诚心诚意的。时不时地幽他一默，时不时地调侃一句，教室里就有了盈盈笑声。追问、解答、评价，只似一朝夕相处的好朋友，亲密无间地与学生聊天，聊着聊着，将彼此的观点融为一体，各自收获各自的启迪与感悟。

好的语文课堂是一场心灵的对白，语言的盛宴。它的理想境界是直达心灵。

第三课

返璞归真

——《与象共舞》课例研究

一、释题与猜读

师：同学们应当都在动物园里见过大象，大象是什么样子的？它留给你最深的印象是什么？回答这个问题时，请尽量说上两三个比喻句。

生：在动物园里看大象，我们能看到它深灰色的、笨重的身体，像厚实的一堵墙；我们还看到它伸卷自如的长鼻子，还有尖刀一样的两根白白的象牙，还有像柱子一样的腿，像蒲扇一样的耳朵。

师：其实啊，这只是我们在动物园里看到的大象。如果我们往南走，再往南走，进入热带，进入一个叫泰国的国度，我们看到的大象就是另外一种样子。那里的大象特别聪明、特别有灵气，因此也特别可爱。作家赵丽宏先生的《与象共舞》将带我们去看看泰国的大象。不过，我们先不急于打开书，先来琢磨琢磨这个标题。知不知道“共舞”是什么意思？

生：共舞，就是“共同跳舞”“一起跳舞”的意思。

师：我们知道，一个词既有字面的意义，也有它引申的意义。在这里，“共舞”并不只是指跳舞，还指什么？

生：存在融洽和默契关系的双方都可以叫“共舞”。

师：我们在这里上课，也可以说是师生——共舞。想一想，“共舞”是标题里的关键词，为了突出“共舞”，《与象共舞》这篇文章会写些什么呢？这里，我想教大家一个学习的方法。这个方法就是猜读。猜读，就是像猜谜语一样来读课文。先来猜猜看，为了突出“共舞”这个词，作者在文章里可能会写些什么？

生：既然是共舞，可能会写到大象和人一起跳舞；可能会写到大象如何通人性……

生：可能要写人与大象之间是如何亲密，可能要写大象怎样跳舞……

二、学生质疑

师：课前，同学们是否都读过课文了？读过课文之后，有没有什么问题？请你们把问题提出来。

（学生质疑，在有问题处，做一个记号）

三、导读课文前三段

师：泰国，被称为“万象之国”。这里的大象，完全不像我们在动物园里看到的，它们有着完全不一样的生活，有着非常自由的心态。默读课文1—3段，请将最能体现大象心态的句子用波浪线标出来，在你最喜欢的词语下面用相应的符号标记出来。

（学生汇报阅读结果）

师：一般来说，人见到庞大的动物多少会有些紧张与慌乱，会担心动物来攻击；而动物见到陌生的人类，也特别警觉，或对峙，或逃跑。在泰国，人与大象之间却根本不是这样。人一点都不怕大象，大象也一点都不怕人。我们看第1段：你在公路边或者树林里见到大象，“不必惊奇，也不必惊慌”。在这里，我想把“惊奇”与“惊慌”这两个词的顺序换一下，成为“不必惊慌，也不必惊奇”，这样有没有影响？

生：不能随便换。先是感到“惊奇”，因为大象竟然在公路边出现，然后才可能是“惊慌”，因为不知它会不会伤人。

师：大象的心态非常宁静悠闲，这从哪里看得出来？

生：它对人“熟视无睹”。

师：（板书：熟视无睹）睹，是看的意思，看得太多太久了，就像没有看到一样。

师：还有哪些地方体现了这一点？

生："不慌不忙""悠闲沉着"。

师：你想想，只有在什么情况下，人与大象才能做到这样？

生：彼此都确信对方不会伤害自己，彼此和谐相处很久、心灵相通很久才这样。

师：课文里写到这一点了吗？大家再看看第3段，勾出这个句子："在泰国，人和象之间没有距离。"难道真的一点距离都没有吗？如何理解这里所说的"距离"？

生：这里的"距离"是指心灵的距离，就是讲人与大象之间的关系亲密无间。

师：有人说，眼睛是心灵的窗户。大象的心态特别体现在它的眼睛上。请在第3段里圈出写大象目光的关键词。

生："晶莹温和"。

师：想想看，一般什么东西才能用"晶莹"来描述？

生：宝石，钻石，水珠，露珠……

师：这些东西都有个特点，就是很亮，很清澈。这说明什么？

生：大象的眼里没有一丝恶念，温和如水，也说明大象的脾气特别好。

师：难怪作者说，和这样的目光相对，你紧张的心情自然就会松弛下来。（板书：松弛）注意"松弛"的"弛"字与"奔驰"的"驰"不同，汉字都是表意字。

师：读了前3段，我心里一直有个疑问，在泰国，人与大象之间要这样和睦相处，要建立这种相互信赖的关系，需要多长时间？一天肯定不够，一年肯定也不够，那一定是长年累月沿袭下来的传统。泰国人对大象的感情是世世代代，由来已久。为什么会有这种感情呢？谁能用第2段里的一句话来回答我？

生："象是泰国的国宝"。

师：我们古人打仗都骑着战马，立了大功就叫汗马功劳。泰国属于热带，他们不骑马而是骑象，大象曾驮着武士冲锋陷阵，攻城守垒；我们利用骡马拉车推磨，泰国人则驯服大象做工服役，那可是大力士，它们干起活来，以一抵百。现在，大家讨论一下："象是泰国的国宝"，这是课文第 2 段写的主要内容。如果我们将这一段提到最前面去写，有没有一点道理？

（学生激烈讨论，有赞成者，有反对者，亦有认为可以放前面写，但不及作者这样好）

师：应当也可以，也有它的好处。但是，作者现在这样写，更好一点。因为，它就像拍电影一样，先来一个具体的镜头，再引向历史，再把镜头拉近一些，是不是？

师：请男生、评课教师、女生分别朗读一个自然段。

（分角色朗读）

四、自读第 4—5 段

师：默读第 4—5 段。这两段，其实是围绕一个句子展开的。那个句子就像是树干或树根，那么，其他的文字是树干或树根上长出的枝条与叶子。看谁慧眼识珠，能找出这个句子，并说明理由，为什么会是这个句子。

生（齐读）："据说象是一种聪明而有灵气的动物。"

师：接下来两个自然段所写的内容都是表现象的聪明与灵气的。谁能概括一下，写了几个场景来表达象的聪明有灵气？

生：一是大象能为人做按摩，二是它跟人开玩笑，三是与人共舞。

师：其实，在现代生活中，我们可能见过一些动物在驯兽师调教下的精彩表演，比如猴子跳火圈，比如海豚顶球。对大象来说，踢球啊，倒立啊，都是“小菜一碟”。它还有更了不起的“绝活”。说说看，哪些词语能体现大象在给人按摩时的聪明与灵气？请在书中做出圈点。

生：“慢慢地”“小心翼翼地”“寻找”“轻轻地抚弄”。

师：这些词语何以体现出大象的聪明与灵气？大家知不知道大象的体重？有3到7吨重。一头大象相当于两三台汽车的重量。它要不“慢慢地”“小心翼翼地”“轻轻地抚弄”，随随便便就会把人踩得粉身碎骨。所以，它特别温柔，特别细心，别看它笨重的模样，做起按摩来，就跟温柔的姑娘一样。这是不是太神了？大象不仅温柔可爱，善解人意，特别难能可贵的是，它居然还具有一种幽默感。我们看它跟一个女士开玩笑的情景。

生（指名读）：“有一次，我看到一头象……”

师：你觉得，在这个场景中，大象的举动是无意的还是故意的？

生：是故意开玩笑。从“悠然而去，不慌不忙，行了一个屈膝礼，像一个彬彬有礼的绅士”等处可以看得出来。

师：是的，大象是存心跟这个女士开个玩笑，如果它晓得唱流行歌曲的话，它可能要唱：“我只是故意在逗你……”

师：文章的标题是“与象共舞”，结果我们看到倒数第2段，还没有写到跳舞。这是不是有点不对劲？如何理解这种安排？

生：写人与大象之间的种种亲昵与和谐的关系，实际上都是表现“共舞”的，“共舞”即和谐相处。

生：前面实际是在写与大象“在精神上的共舞”，这里集中再写“跳舞”，更加好。

生：这是全文最精彩的地方，所以放到最后写。

师：我们知道，人类中的大胖子都不便于跳舞，而笨重的大象居然能跳舞，不仅能跳，而且跳得很美。大象的舞姿很美，表现在哪里？

生：“摇头晃脑”“踮脚抬腿”“颤动身子”“鼻子挥舞”。（圈点）

师：注意，这几个写舞姿的词组是有程度区分的，对大象来说，如果说摇头晃脑尚不太难的话，那么踮脚抬腿则是了不起的动作，毕竟它有几吨重，再要它颤动身子，更是不简单。更绝的是，此时的大象并不是机械地做着动作，它是随着音乐的节奏在动，头啊，脚啊，身子啊，鼻子啊，一齐舞动，那么灵活，那么美。你看，大象是何其聪明，何其富有灵气！我想，此刻它的内心一定是乐开了花的。

（教师播放大象跳舞的相关录像）

生（齐读）："舞蹈的大象……"

师：现在我们回头看看，细细想一想，这两段的中心句就是"象是一种聪明而有灵气的动物"，主要写了做按摩、开玩笑与跳舞三个场景。这是耐人寻味的一种安排。据我所知，大象能用它的鼻子帮人们搬运木头，能供人骑坐，还可以踢球，如果写这些事情，能体现大象的聪明与灵气吗？

生：能，但远不如现在这样好。

生：这里写的都是人们意料之外的。反差越大，越能显示大象的聪明，也越能吸引读者去读。

师：你想啊，大象那么重，居然可以帮我们做按摩；看起来那么沉默，居然会跟人开玩笑；那笨笨的样子，居然舞姿优美。这样，更显出大象的聪明与灵气了。可见，写文章还有个选材的问题。

五、体会主旨

师：学习课文之后，请谈谈自己的感想。

生：（略）

师：人与动物一旦和谐相处，就会进入一种美的境界。你们可能记得《珍珠鸟》那篇文章，小鸟何以那样依人，就是因为有信赖！只有人类不再向动物举起猎枪与屠刀，动物与人才能真正成为心心相印的朋友。这已被无数的事例证实了。去过巴黎的人说，在那里，洁白的鸽子会落在人们的肩上，如果你正好在某一尊雕塑前打盹，鸽子可能就会栖落到你的肩上午休。那是多么宁静并富有诗意的境界。

然而，在我们身边，依然充斥着太多的血腥与残杀，许多动物成为人类宴席上的佳肴，无数藏羚羊美丽与忧伤的眼睛向我们倾诉着人类的残忍。

即使在泰国，也有少数人为利所图，杀害大象，将大象的皮制成象皮包。作者在原文里有这样的情节，编到教材时删减了。你觉得编者删掉这个情节有道理吗？为什么？

生：删掉可以，这表达了编者对我们下一代的美好期待。

生：可能编者不忍心让我们看到人类残杀动物的丑恶。

生：不删可能更好，那样更会引起我们的警醒。

师：今天，同学们在课堂上都能既潜入文本之中，独立思考，又能跳出文本之外，做出评论，非常难得。谢谢同学们！

六、名师点评

感动于平实中的灵动

——评《与象共舞》的教学

李葆春

听完黄耀红博士执教的《与象共舞》一课，心有所动。看似平实的课堂，却总有灵光闪现，这平实中的灵动让我感动。

镜头一：

师：一般来说，人见到庞大的动物多少会有些紧张与慌乱，会担心动物来攻击；而动物见到陌生的人类，也特别警觉，或对峙，或逃跑。在泰国，人与大象之间却根本不是这样。人一点都不怕大象，大象也一点都不怕人。我们看第1段：你在公路边或者树林里见到大象，“不必惊奇，也不必惊慌”。在这里，我想把“惊奇”与“惊慌”这两个词的顺序换一下，成为“不必惊慌，也不必惊奇”，这样有没有影响？

生：不能随便换。先是感到“惊奇”，因为大象竟然在公路边出现，然后才可能是“惊慌”，因为不知它会不会伤人。

师：大象的心态非常宁静悠闲，这从哪里看得出来？

生：它对人“熟视无睹”。

师：（板书：熟视无睹）睹，是看的意思，看得太多太久了，就像没有看到一样。

师：还有哪些地方体现了这一点？

生：“不慌不忙”“悠闲沉着”。

师：你想想，只有在什么情况下，人与大象才能做到这样？

生：彼此都确信对方不会伤害自己，彼此和谐相处很久、心灵相通很久才这样。

师：课文里写到这一点了吗？大家再看看第3段，勾出这个句子：“在泰国，人和象之间没有距离。”难道真的一点距离都没有吗？如何理解这里所说的“距离”？

生：这里的“距离”是指心灵的距离，就是讲人与大象之间的关系亲密无间。

师：有人说，眼睛是心灵的窗户。大象的心态特别体现在它的眼睛上。请在第3段里圈出写大象目光的关键词。

生：“晶莹温和”。

师：想想看，一般什么东西才能用“晶莹”来描述？

生：宝石，钻石，水珠，露珠……

师：这些东西都有个特点，就是很亮，很清澈。这说明什么？

生：大象的眼里没有一丝恶念，温和如水，也说明大象的脾气特别好。

师：难怪作者说，和这样的目光相对，你紧张的心情自然就会松弛下来。（板书：松弛）注意“松弛”的“弛”字与“奔驰”的“驰”不同，汉字都是表意字。

“惊奇”和“惊慌”两个词，很容易被我们忽视掉，但黄老师抓住了，而且在比较中，学生对于准确用词似有所悟。“熟视无睹”，借用检查学生的预习情况带领学生完成字形词意的学习，“松弛”的教学融入了造字法的讲解，语文味十足，学生自然而然地就记住了“睹”“弛”的音形义，理解了“熟视无睹”和“松弛”的意思。最妙的是对描写大象目光关键词的理解，利用关键词“晶莹”描述物品的共性，引发了学生的深度思考，把理解和感悟引向深处，而“人和象和谐共处”正是本文的情感聚焦点，学生就在这样的品词析句中悟到了散文的“神”。整个过程没有刻意的“做”，引导是自然的，感悟是水到渠成的。看似波澜不惊，实则耐人寻味。学生在老师的组织、引导下，思考、理解、感悟着语言之美、之魅。

为什么我们多数老师难于发现文本中那些灵动的文字，那些精彩的语言呢？扪心问一下，语文教材中有多少篇文章是打动了自己的，我们对文章的理解有多少是“自发的”？很多时候，我们是带着教参的理解走进课堂的，是把教参的理解当作自己的理解来教学生的，我们是站在文本之外教文本的。所以，我们的课堂有的是匠气，少的是灵气、文气、神气！

没有对文本的深入理解，没有独特的感悟，我们怎么带领学生走进语文之门？

黄耀红老师说了这样的话：教阅读要由己及人。想想真是这个理！如果我们不知道怎样读，我们读不出文字的美妙，我们怎么引导学生感悟？

镜头二：

师：默读第4—5段。这两段，其实是围绕一个句子展开的。那个句子就像是树干或树根，那么，其他的文字是树干或树根上长出

的枝条与叶子。看谁慧眼识珠，能找出这个句子，并说明理由，为什么会是这个句子。

生（齐读）："据说象是一种聪明而有灵气的动物。"

在这个环节中，老师明明想让学生找出中心句，但却用找像树根一样的句子这样诗意的语言来替代，这让我们感受到了老师的设问语言的语文味。语文课上如果处处能有这样的语文味，何愁学生的语文素养不高？

由此我也在想，作为语文教师，我们是不是该好好修炼自己的课堂语言？

镜头三：

师生问好后，如闲聊般的课堂教学开始了。首先老师要学生用至少两个比喻句描述大象。这样的要求，对于五年级的学生来说一点也不难，学生跃跃欲试。没有严肃的面孔，没有师生的距离，只有和谐的课堂氛围。接着老师介绍作者、标题，再让学生找出题目中的关键词"共舞"并理解其意。

师：同学们应当都在动物园里见过大象，大象是什么样子的？它留给你最深的印象是什么？回答这个问题时，请尽量说上两三个比喻句。

生：在动物园里看大象，我们能看到它深灰色的、笨重的身体，像厚实的一堵墙；我们还看到它伸卷自如的长鼻子，还有尖刀一样的两根白白的象牙，还有像柱子一样的腿，像蒲扇一样的耳朵。

师：其实啊，这只是我们在动物园里看到的大象。如果我们往南走，再往南走，进入热带，进入一个叫泰国的国度，我们看到的大象就是另外一种样子。那里的大象特别聪明、特别有灵气，因此也特别可爱。作家赵丽宏先生的《与象共舞》将带我们去看看泰国的大象。不过，我们先不急于打开书，先来琢磨琢磨这个标题。知不知道"共舞"是什么意思？

生：共舞，就是“共同跳舞”“一起跳舞”的意思。

师：我们知道，一个词既有字面的意义，也有它引申的意义。在这里，“共舞”并不只是指跳舞，还指什么？

生：存在融洽和默契关系的双方都可以叫“共舞”。

在这个环节中，老师的追问不仅问出了学生的深入思考，也让听课教师为之一振，引起了全体听课人的思考。“共舞”的表面意思是一起跳舞，除此还有怎样的意思呢？很多人在读这篇文章时，也会提出这样的问题。因为这篇课文真正写“共舞”的部分是第5自然段，前面四个自然段好像与“共舞”无关，如果是这样，那文章岂不跑题了吗？前面四段分别写了什么呢？第1段：大象在泰国生活悠闲沉着；第2段：象是泰国的国宝；第3段：在泰国，人和象之间没有距离；第4段：大象是一种聪明而有灵气的动物。从这四段里，我们读出了大象的悠闲、自在，我们还读出了人象之间和谐共处的独特境界。什么是“共舞”？这样和谐地生活在一起不就是“共舞”吗？“共舞”一词，不仅仅是和谐舞蹈，更是和谐相处与共同生活啊！

老师的这一设问，把学生的思考引向了深入，这才是触及课文篇章结构的有价值的提问，在不经意间把学生的思想引向深入。

镜头四：

在学生理解了题目意思后，引导学生猜猜文本内容。

师：我们在这里上课，也可以说是师生——共舞。想一想，“共舞”是标题里的关键词，为了突出“共舞”，《与象共舞》这篇文章会写些什么呢？这里，我想教大家一个学习的方法。这个方法就是猜读。猜读，就是像猜谜语一样来读课文。先来猜猜看，为了突出“共舞”这个词，作者在文章里可能会写些什么？

生：既然是共舞，可能会写到大象和人一起跳舞；可能会写到大象如何通人性……

生：可能要写人与大象之间是如何亲密，可能要写大象怎样跳舞……

师：文章的标题是“与象共舞”，结果我们看到倒数第2段，还没有写到跳舞。这是不是有点不对劲？如何理解这种安排？

生：写人与大象之间的种种亲昵与和谐的关系，实际上都是表现“共舞”的，“共舞”即和谐相处。

生：前面实际是在写与大象“在精神上的共舞”，这里集中再写“跳舞”，更加好。

生：这是全文最精彩的地方，所以放到最后写。

在这个读题猜文——读文质疑的过程中，学生更在思考作者为什么这么写。这是最重要的！我们总说要引导学生感悟写法，但我们常常是穿靴戴帽般地给出一些概念性的结论，结果学生仍旧迷茫。黄老师的教法很值得我们思考。

镜头五：

读完1—3自然段，老师安排了这样的教学环节。

师：我们古人打仗都骑着战马，立了大功就叫汗马功劳。泰国属于热带，他们不骑马而是骑象，大象曾驮着武士冲锋陷阵，攻城守垒；我们利用骡马拉车推磨，泰国人则驯服大象做工服役，那可是大力士，它们干起活来，以一抵百。现在，大家讨论一下：“象是泰国的国宝”，这是课文第2段写的主要内容。如果我们将这一段提到最前面去写，有没有一点道理？

（学生激烈讨论，有赞成者，有反对者，亦有认为可以放前面写，但不及作者这样好）

师：应当也可以，也有它的好处。但是，作者现在这样写，更好一点。因为，它就像拍电影一样，先来一个具体的镜头，再引向历史，再把镜头拉近一些，是不是？

这个环节很有意思。教师完全把学生思维的门打开了。而且在一番争论后，教师完全是以参与者的身份发表自己的观点，而且允许学生不同观点的存在。若论教学民主，这是真民主。若论写法指导，在平等的对话交流中，谁又能说没有布局谋篇的渗透呢？

整堂课，教师的设计就像散文一样，看似松散，但形散神聚，无处不在品味语言，感悟写法。在老师的引领下，所有听课者陶醉在语言文字中，带着油墨味的文字变得灵动可感。真是静水深流，韵味十足啊！

第四课

涵泳语文

——《“精彩极了”和“糟糕透了”》课例研究

一、引入课题

师：我知道同学们平时在生活中特别会说话，但我不知道同学们在说话的时候，会不会打比方。就是用比喻的方式来说话。比喻，会让我们的语言变得生动而形象。一个人的联想越丰富，想象越发达，他就越会用比喻或打比方。现在，我想看看大家用比喻的修辞造句的水平怎么样，愿意来试试吗？

生（齐）：好！

师：（板书：爱）爱，似乎挺抽象的，我们有办法让它变得形象起来吗？（再次板书：爱就像……）爱就像什么？大家说说看。

生：爱就像人生中的幸福。

师：人生中的幸福？你把爱变形象了没有？我觉得没有，请坐下。

生：爱就像一杯奶茶，时时温暖着我们的心。

师：非常好！现在变形象了，是吗？

生：爱就像宽阔的大海。

师：好！抓住了爱很宽阔的特点，再去展开想象，是这样吗？

生：爱是一件温暖的棉袄，能在寒冷的冬天温暖我们。

师：特别好！你抓住的特点是温暖，对吧？

生：爱就像春天迷醉的暖风。

师：春天的暖风有什么特点呢？很温柔吧？很轻柔吧？是不？大家看，同学们的思维一打开，很多好的比喻就涌现了。哦，你还要说——

生：爱就像夏天的凉风。

师：有人讲春风，你就讲夏天，好！

生：爱就像人生中华美的乐章。

师：乐章？嗨！很精彩。大家真的说得不错，现在，我想把难度加大一点，可不可以？

生（自信地）：可以！

师：我想要你说一句话，在里面包括两项内容，即有两个比喻，哪两个比喻呢？（板书：母爱像……；父爱像……）想一想，虽然同样是爱，母爱和父爱的表现还是有些不一样哟。

生：母爱就像热水袋，一切都是温暖的；父爱就像一个保温水瓶，外面是冰凉的，里面却是温暖的。

（全场鼓掌）

师：大家的掌声说明了一切，真的是聪明！你暂时是最聪明的。（生笑）还有吗？

生：母爱就像春天的暖风，父爱就像冬天的北风。

（大笑）

师：我问你，北风怎么会是父爱的表现呢？

生：因为父爱要严厉一点。

师：哦，你是这样理解的。有点道理。怎么老是讲风呢？思路打开一点啊。

生：母爱就像一棵小树，从小伴我成长；而父爱就像一场风雪，看上去很冷，其实也充满了爱。

师：你不仅有比喻，还有具体解说。

生：母爱就像一缕清风，让你的小船扬帆远航；父爱就像一盏导航灯，照你查出路上的障碍。

师：也该给掌声！他差一点刷新了你（指说“母爱就像热水袋”的学生）的记录嘞。我发现你们真是特别聪明，加了难度你们同样精彩。今天我们要学习的这篇课文，实际上也是一个关于爱的故事。故事的题目叫什么？大家预习了，告诉我这篇课文的题目是什么？

生（齐）:“精彩极了”和“糟糕透了”。

二、梳理思路

师：大家把自己的本子打开，和我一起来写这个课题。

师：（板书课题，故意不写标题上的引号）写标题的时候呢，不知你们有没有发现的能力，“精彩”“糟糕”这四个字在字形的构成上有什么共同特点？

生：都是左右结构。

师：对，都是左右结构。除了发现这一点，你们还发现什么其他秘密吗？

生：是一对反义词，但你不是讲它的结构吗？

生：它们是一对形容词。

师：知识还是挺丰富的。有一项知识，不知道大家学过没有？我们看，古人在造字的时候，有一种最普遍的造字方式，叫作“形声”，就是字的一边表“意思”，一边表“读音”。我们来看标题中的“糟糕”与“精彩”，是不是这样的？

生：“精彩”的“精”，就是由“青”表音的。

师：“彩”字是这样的不？

生：“彩”呀？“彩”是旁边那个“采”字表音。

师：那“糟糕”两个字是这样的吗？

生：“糟”字就是由“曹”字来表音，“糕”字就是“小羊羔”的“羔”字表音。

师：以后请注意“形声字”这个规律。下面，你再看看，老师刚刚写的这个标题有问题吗？是不是少了点什么？

生：少了引号。

师：这个“小不点”那么重要吗？

生（齐）：重要！

师：为什么重要啊？凭什么说它重要？

生：因为它表示引用了课文里面的词语。

师：细读课文大家会发现，这不是一个词语，是引用了课文里面的不同人物的话，对不对？既然不能少，那这个引号就要加上来。（师加引号）

师：我再问你们，“精彩极了”和“糟糕透了”一般是在什么情况下才说这样的话？

生：心情高兴的时候，看到别人好的东西的时候，就会不由自主地说“精彩极了”。

生：“精彩极了”就是你看一场电视，看一场杂技表演，如果表演得很精彩，就会说“精彩极了”；还有像我们买衣服，如果我不小心在上面沾了脏印子，妈妈就会说：“糟糕透了。”

师：就是两句评价性的话。我在想，这个故事，作者拿这个来做标题，那我们就从这个标题来判断，你说作者应当会写些什么内容？现在啊，你们暂时都不要把书打开。假如我就是你家的“老爸”，我从来没有看过这个故事，我想请你用最简单的话告诉我：这是一个什么样的故事？请把这个故事的过程跟我说一下。谁有这个水平？跟“老爸”说说看。

生：作者巴迪写了一首诗，他的母亲说精彩极了，但是他的父亲说糟糕透了。后来，他在母亲的鼓励和父亲的指导下继续写了很多作品。

师：你读书很有概括力，“老爸”也很满意啊！

（生大笑）

师：还有谁要跟“老爸”说的吗？没举手的也说一下。

生：就是巴迪写了一首诗，母亲说这首诗写得非常好，精彩极了！父亲却总是说这首诗写得非常差，糟糕透了！从此以后，母亲常说“精彩极了”，而父亲常说“糟糕透了”，两种声音陪伴着他继续写作。

师：请坐下，还不错。从刚才的复述里，我们发现：这个标题中“精彩极了”和“糟糕透了”实际告诉了我们这篇文章的主要内容，是吧？如果只是了解故事情节，一句话就把这篇文章讲完了，不要学习了。这样，显然不行。现在我想要教大家一种抓关键词读书的方法。请把书打开。你看，如果想复述这个故事，我们特别需要在课文中找到那些最能够体现这个故事发展过程的关键词语。现在，大家快点把课文默读一遍，圈出那些能够体现故事发展过程的关键词语。我先示范一下。你们说一开始就要写什么呢？一开始就要写母亲对“我”的——

生：评价……

师：书上的关键词是哪个？

生：“精彩极了”！

师：“精彩极了”当然可以，还有一个动词呢？

生：“赞扬”！

师：先是母亲的赞扬吧？（板书：赞扬）我们看接下来怎么样呢？故事的过程是怎么展开的？看谁找得到那些关键词语。

（生圈点词语）

师：“赞扬”之后怎么啦？然后呢？最后呢？就这样去找。找到了，就在这个词的下面打个圈圈。大家不要找多了啊，找两三个就行了，找那些能体现故事发展过程的词语，好吗？

（生继续圈点）

师：我再提醒大家，最好都找动词。一起看看，母亲“赞扬”之后，接下来这个故事是怎么发展的？哪一个关键词能告诉我们？

生：母亲赞扬完之后，就是“等待”父亲回来。

师：非常好！我们把这个词圈出来——等待（板书：等待）。看到“等待”这个词了吗？

生（齐声）：看到了。

师："等待"父亲回来之后，文章里有一个很长的叙述。这一段叙述，同学们同样可以在课文里面找一个词把它概括起来。你们如果找得到这个词，就算你们的本事，呵呵。这是讲他父母怎么样呢？找找这个词看。

生：争吵。

师：你们同意吗？

生：不同意。

师：不同意，好！（将话筒递给不同意的学生，生无语）嗬，你只有"不同意"，却说不出道理。"争吵"怎么不可以呀，后面就是写父母为了诗而争吵啦！书上有这个词吗？

生：有！

（生举手）

师：你还有不同看法？

生：是不是父亲把诗"扔回去"的"扔"字啊？

师："扔"用得相当好，但是这个词还不能概括这一大段内容，是吧？作者写完"争吵"以后啊，后面几段就没办法找一个词来概括了（板书：争吵），那我们用自己的话来概括，想想看，"争吵"之后的那几段是写什么？我们找一个词来归纳。

生：回顾。

师："回顾"好不？"回顾"有一点点道理，但不是最好的。这几段都是作者在讲什么？我看大家有没有一点概括的能力？

生：这里说的是一些道理。

师："道理"，其实也不错。

生：是一种"提醒"。

师："提醒"还具体一些。

生：是"回忆"过去。

师：仅仅是“回忆”吗？

生：启示。

师：“启示”这个词，好！我本来还想了另外一个词，叫“感想”。我的好些，还是同学的好些？

生：差不多。

生：是不是可以是“启发”？

师：那也差不多。写个“启示”吧，好不？

生：好！

师：（板书：启示）大家看看，我刚教大家的一个方法是从文中寻找最关键的词语，来归纳内容。我们这里找了3个词语，最后自己还用了一个词语来概括。对吧？从这一个过程来看，作者讲故事的思路特别地清楚，是吧？现在回过头，请大家说说这一篇课文里面哪些段落写的是“赞扬”？就是第一段吧。那么请在这一段后面画一个这样的标记（板书：//）。

（生画“//”）

【提示：分析与概括，乃是我们走进文本的基本路径，我们似乎无法绕行。如果说，分段之类带给孩子“审美疲劳”，或许不在于手段有错误，而在于运用者无视文本个性。基于此文所展开的结构分析，固然属于思路梳理；但与一般教学所不同的在于，我们始终扣着文本中的语词来展开。分段的过程，成为一种发现的过程，一种真正由具体到抽象、由分散到整合的过程。】

师：接下来我要问问，哪些段落是写“等待”的？从哪里到哪里？

生：第2、3、4段。

师：第2、3、4段，挺好，请把符号画到那里。

（生画“//”）

师：写“争吵”是从哪里写到哪里呢？

生：写到了第14段。

师：教材第103页[1]最上面那个自然段，对不对？在这里，请画上双斜线。

（生画“//”）

三、示范品读

师：最后面几段是一部分，不用画了。我们看，把故事讲清楚不是什么大本事，最大的本事就是把故事讲得特别生动，特别特别吸引人。我们来看看作者是不是写得生动，写得吸引人呢？我想先找一个同学来把第1段朗读一遍。朗读第1段的同时，请大家想一个问题，你觉得这一段中写得特别生动的地方在哪里？听别人读书的时候，请在书上圈点好。

（指名朗读第1段）

师：读得怎么样？

生：有个地方读错了。

师：哪里呀？

生：他把“点头告诉她”读成了“点头告诉我”。

师：那是完全不能错的啊！现在看我们刚才讲的那个问题。在第1段里边，你圈点的地方是哪些？

生：“我既腼腆又得意扬扬。”

师：觉得这个地方好在哪里？

生：因为用了那个“腼腆”和那个“得意扬扬”，显得更加生动了。

师：这是在写他什么？

生：写他高兴，还有些害羞。

师：害羞，这是写的神态吧。还有吗？

---

① 本书所选作者语文课授课时间较早，均依据老版本语文教材。

生：“她搂住了我，赞扬声雨点般落到我身上。”

师：请在“搂”字下面加个三角形。还有吗？

生：“母亲一念完那首诗，眼睛亮亮的。”

师：“亮亮的”也是写眼神的。

生：“赞扬声雨点般落到我身上。”

师：这是个什么句子啊？

生：这说明母亲赞扬他写得很好。

师：我问这是个什么句子？

生：比喻句。

师：我们刚才练习了，是吧？请在这个句子下画上波浪线。好了，我现在要考考大家，“我”平生的第一首诗得到了母亲的赞扬，母亲说“精彩”就已经很不错了，为什么还要说是“精彩极了”？“极了”这两个字多余吗？

生（七嘴八舌）：不多余。

师：请联系第1段文字告诉我，哪些地方能够看出不是一般的“精彩”，是“精彩极了”！

生：“母亲一念完那首诗，眼睛亮亮的，兴奋地嚷着：‘巴迪，真是你写的吗？多美的诗啊！精彩极了！’”

师：从哪里能够体现“精彩极了”？

生：母亲一念完那首诗，“眼睛亮亮的”。

师：“亮亮的”确实说明“精彩”，可怎么体现出“极了”呢？

生：“她搂住了我，赞扬声雨点般落到我身上。”“雨点”就是很多很多的。

师：非常不错！我再顺势问一下大家，把“赞扬”比作“雨点”，二者之间有什么相似的地方吗？

生：不相似。

师：不相似啊？你说雨点有什么特点？

生：雨点很多。

师：那赞扬也很多，是吧？还有吗？

生：雨点非常多又非常小。

师：呵呵，赞扬也很小啊？那不对吧？还有一个很大的特点，下雨的时候，是怎么样的情景？

生：很广阔。

师：对，铺天盖地，是吧？那就是说“赞扬”特别多，跟雨点一样密，一样多，一样急。若不是“精彩极了”，会这样吗？刚才那个同学讲了一个字，母亲“搂”着我，已经请大家在这个字下方打了个三角形，注意这一段里还有一个词跟它相近，是哪个词跟它相近啊？

生：“拥抱”。

师：那这两个词可以随便换一换顺序不？先说“母亲拥抱我”，再说“母亲搂着我”，可以吗？

生：不可以。

师：为什么不可以？

生：如果换过来的话，就觉得不够生动。

师：这个等于没说呀！不够生动，为什么不够生动？你说，什么情况下才是“搂”？

生：“搂”就是那种比较急地抱着，然后就是……

师：是，很急迫！换个词，是好兴奋，好激动的。因为特别激动，要把他紧紧地搂住。对不对？在这里，“拥抱”所表示的激动程度不及这个词。

师：还有一个字我觉得大家没注意到。母亲在看完他的诗后，兴奋地——

生（齐）：“嚷道”的“嚷”。

师：我现在改成“兴奋地说道”可以吗？

生：不可以。

师：你说什么时候才会“嚷”？

生：情绪特别激动的时候。

生：情绪激动，忍不住了，才嚷。

师：忍不住了。

生：“嚷”就是非常大声地说话，而“说”则是很正常地说。

师：为什么非要用“嚷”呢？因为是“精彩极了”！（激情朗读母亲的这句话，最后读成“精彩”）“极了”可不可省？

生：绝不能省。

师：不要就不完整了。我们把这一段一起来读一遍好吧？注意老师刚才跟你们提到的那些关键词语。

（生齐读这一段。师板书：嚷　搂）

师：很好！在你们的笔记上面写下这两个字。

师：“得意扬扬”（板书：得意扬扬），我们平时看到的“得意扬扬”有另外的写法吗？也可以写成“得意洋洋”（板书：得意洋洋），这两种写法是一样的啊。

师：（板书：腼腆）念什么？

生：miǎn tiǎn。

师：它们是我刚才讲的造字方式的什么字？

生：形声字。

四、引导细读

师：第一段是老师重点示范的，大家学得非常好！我们要注意作者是怎么用词的，用什么样的句子来说话的，怎么把文字写生动的。接下来，我请大家默看一下写“等待”的部分，请你说说在写“等待”的这一部分里面，哪些句子写得特别的好？

（生圈点）

师：先看看如何写“等待”的心情，谁能找得到这个关键词？

生：“迫不及待”。

师：“迫不及待”是个很重要的词，还有吗？

生：“自豪感”。

师：还有吗？

生：“满怀信心”。

师：为了表达这种“自豪感”，为了表达这种“迫不及待”的心情，你觉得课文中哪些用词特别传神、特别有深意？词或句子都可以。

生：“我用最漂亮的花体字把诗认认真真地重新誊写了一遍，还用彩色笔在它的周围描上一圈花边。”这里说了他“认认真真”地誊写了一遍，显出他迫不及待地想要父亲表扬他。

师：请把这个句子打个波浪线，这是个非常复杂的句子，这个句子好长啊！“我用最漂亮的花体字把诗认认真真地重新誊写了一遍，还用彩色笔在它的周围描上一圈花边。”我觉得这个句子好麻烦，好啰唆。我想把它变短一点，“我重新誊写了一遍”，这样可不可以？

生：不可以。

师：那么，这个句子好在哪里？说明了什么问题？

生：写出了作者非常想要得到父亲表扬的那种心理。

师：它运用了细节来说话，是吧？

生：这里说“我用最漂亮的花体字把诗认认真真地重新誊写了一遍”，“最漂亮”表明他想用最好的字把诗誊出来，希望父亲表扬他。

师：这就是“自豪感”，这就是“迫不及待”，是吧？

生：用最好的花体字，就是想要他父亲早点回来看到他的诗，表扬他。他妈妈表扬他，他想要他父亲也表扬他。

师：写得这么细致，实际上还是为了表达心情，是不是？

生：他写得“认认真真”，说明他全神贯注地投入里面去了。

师：啊，很对！我们把两个词写一写。“誊写”，标记上。“誊”

字是怎么写的？上下结构，下面一个“言”字，上面是“腾”的右上部分。只有在什么时候，孩子才会这么去做？最在乎别人态度的时候吧。比方说，教师节给老师送卡片的时候，你们会细心地描上花边，对吧？

师：还有一些地方写得特别好。有一个地方很不起眼的，但确实体现出急不可待的心理。

生：“我实在等不及了。”

师：那有什么好呢？

生：表示他想要他父亲快点回来表扬他。

师：他实在等不及了，有个地方表现了他实在等不及了，但比“实在等不及了”还要好得多。

生：这里有一个他问妈妈的句子：“妈妈，爸爸下午什么时候回来？”他就是很想让爸爸回来看他这首诗。

师：哦，好！还是没人找到那个不起眼的地方，我就不相信大家找不到。

生：“七点。七点一刻。七点半。”

师：这个地方有什么妙处？你说说看。

生：因为用时间的变化来表示他等待的时间，更加表现他迫不及待。

师：哎呀！真的要给你点掌声。这个地方很不被我们注意啊。他一共写了三个时间，怎么写的？“七点。七点一刻。七点半。”真的是不怕啰唆呀，老是交代时间，这是为什么？

生：显示出迫不及待。

师：我们注意里面的标点符号，用的是什么符号？

生：句号。

师：这就奇怪了，那么短的句子之间，他还用句号干吗，用个逗号不行吗？

生：用逗号的话让人感到时间过得好短暂，而用句号会使读者感到，每过十五分钟就像过了好久好久。

师：同学的语言感悟能力真是好敏锐！你讲得非常好！今天我感到你们真棒！这个地方也被发现了，我真的佩服你们。还有一个地方，他写了对爸爸的态度，有一个词我觉得可以好好想想，是个什么词？

生："满怀信心"。

师：我是说对爸爸的态度，我找个没有举手的同学说说看。

生："敬仰"。

师：敬仰，我说"我爱爸爸"行吗？

生：不行。

师：为什么？"敬仰"包含了一些什么意思？

生：他很佩服他爸爸。也许是他爸爸有许多才能是他没有的。

师：那就比他妈妈的表扬还珍贵一些，是吧？这样一写，好像我们的悬念更大了，是不？

生：如果在这里写"爱"的话，就没有"敬仰"的程度深。

师：也没有那么丰富，没有那么准确。

生："敬仰"包括了爱爸爸，也包括了佩服爸爸两个方面。

师：非常好！我觉得大家的学习能力其实是很强的。妈妈说是"精彩极了"，"等待"之后爸爸对"我"的诗做出了评价，这个结果我们知道了。结果是什么？

生（齐）："糟糕透了"。

五、情景表演与语词品味

师：下面是写"争吵"的场面，对吧？现在我要请同学们做一个活动：我们都默读这一部分，其他的内容暂时都不看，只看爸爸妈妈的对话，并且尽量记一记这些对话是怎么说的。等下请同桌之间相互表演，一个做爸爸，一个做妈妈。之后选几组到上面来表演，不看书来表演一下这个场景。好，下面开始。

（生自由默读，同桌之间相互表演）

师：所有叙述性的话，写“我”的句子，暂时都别管，只要求记住人物的对话。要是忘记了，表演时你就临时创作，你用自己的话表演。谁是“黄金搭档”？

（第一组上台表演）

师：这组同学很勇敢，而且两个人都表演得不错。进入了情境，特别是“亲爱的”叫得特别好。

（生大笑）

（第二组表演）

师：这一组是两个女孩子，有一个表演丈夫，她很聪明，晓得把声音放低沉一点。

（第三组表演）

师：表演得不错！如果表情再丰富一点，有动作、手势就更好了。刚才这个母亲是“嚷着”的。（示范读此句）

（第四组表演）

师：他们表演的时候有动作了，进步很大。可惜，你们还没有“入戏”。刚才我们在表演的时候，我们有意让一个人缺席了。这就是文章中的“我”。“我”实际上一直是在场的。你们看，文章一直在写“我”的心理感受，请大家用波浪线把写“我”心理感受的句子画出来。然后，想一想，我的心理感受是如何变化的？先把这些句子找出来，读一读。

（生自由地找句子，再读句子）

生：“我把头埋得低低的。”爸爸说他自己会判断的，“我”就把头埋得低低的。但是，父亲和母亲争吵完以后，巴迪觉得很委屈：

“我再也受不了了。我冲出饭厅，跑进自己的房间，扑到床上失声痛哭起来。”

师：非常好！这里面有一些动词用得特别好，大家顺便把它勾一勾。哪些词啊？

（生自由说之后，师总结：冲、跑、扑）

师：写“我”的句子，还有遗漏的地方吗？

生：“快到八点钟时，父亲终于推门而入。他进了饭厅，目光被餐桌上的那首诗吸引住了。我紧张极了。”

师：这里写我的心理是“紧张极了”。那还有呢？

（很多学生积极要求发言，教师说：“你们的叫声好像是春天的燕子哦！”生大笑）

生：“我的眼睛湿润了，头也沉重得抬不起来。”

师：这说明“我”什么心理？

生：说明“我”很伤心。

生：“我”觉得比较委屈。

师：你这个词用得比他好一些。对，是委屈！我们看“我”的心理活动到底是如何变化的。开始“紧张”。后来，“把头埋得低低的。诗只有十行，可我觉得他读了几个小时”。这是种什么心理？

生：紧张。

师：对，有紧张。

生：期待。

师：也有期待。

生：害怕。

师：也有害怕。很复杂的心理。看到最后，我们把最后读一下：“我再也受不了了……”

（生读）

师：这一句话，看起来好像是写他的动作，实际上是写他的内心活动，是怎样的？

生：非常伤心、难过，再也受不了。

师：这里面有个词，请大家打个圈。“扑到床上”，“扑”这个词是用得太传神了，我换成“倒在床上”（生大笑）有什么区别呀？

生：“扑”到床上就是不把鞋子脱了，直接站着扑到床上；“倒”在床上就是先倒在床上，再把鞋子给脱了。

师：那倒不一定吧，这跟脱不脱鞋好像没太多关系。

生：“扑”到床上，说明他很急；而“倒”在床上，就是感觉很累。

师：你讲得有道理一些。

生：“扑”到床上就是跑过来直接扑到上面，而“倒”在床上就是首先走过来，然后慢慢地倒在床上的。

生：“扑”到床上是很激动，很有力地往床上扑；而“倒”在床上就是没那么激动，是慢慢地倒。

师：都有道理。总而言之一句话，就是这个词非常形象地表达了“我”当时的心情是伤心得很厉害呀，不是一般的伤心。对吧？

生（齐声）：对！

师：我再问问，我们刚才画记的那些描写“我”心理感受的句子，去掉之后有没有影响？

生：有！

师：没影响吧？它们好像跟“争吵”没什么关系哟。

生：有！

师：那有什么影响啊？（生沉默）一方面是“争吵的过程”，另一方面也是一个过程，这是一个什么过程？

生：这就是作者的心理感受的过程。

师：对，是心理感受的过程。这样一写，我们更加有期待感了，更加想往下面读。这还是个侧面烘托呀，说明争吵对“我”的心理影响很大。

六、深化理解

师：大家读书读得很细心、很仔细了。我在想，这篇文章在这个时候应该写得差不多了呀。“精彩极了”写了，“糟糕透了”也写了。可以结束了吗？

生：不可以。

师：为什么还不能结束？

生：要写道理。

师：为什么后面一定要写这些道理？

生：要不感觉就是写“精彩极了”和“糟糕透了”，没什么用。

师：哦。那是没什么用，不知道是要表达什么意思。

生：母亲说“精彩极了”，而父亲却说“糟糕透了”，还没有讲这个是“为什么”。

师：大家都理解得非常好。就像先画了一条“龙”一样，现在要把这个“眼睛”点一点，是吧？

生：画龙点睛。

师：接下来我们看看下面这个自然段，这里面讲的是什么呢？“几年后，当我再拿起那首诗，不得不承认父亲是对的，那的确是一首相当糟糕的诗。”“不得不承认”，要换个肯定的说法怎么说呀？

生：承认。

生：肯定。

师：肯定承认啊？

生：必须。

师：非常好！必须，“不得不”的语气比“必须”还要重一点。

生：绝对承认。

师：那说明当年还是父亲的评价是对的，是吧？那我问你，他这么肯定当年父亲这个评价是对的，那是不是母亲当年的欣赏水平没有他爸爸高？或者说，是母亲讲了假话？

生：不是。

师：你是怎么看待这个问题的？

生：母亲是想鼓励巴迪。

师：就是这么简单的一句话吗？

生：母亲说了，巴迪那个时候还是个孩子，他写的诗虽然不是很好，但是他仍然需要鼓励。

师：是，巴迪写诗的时候就你这么大。

生：他需要鼓励，让他继续写下去。

师：那他母亲这样说是有意的还是无意的？

生：有意的。

生：其实母亲说的是假话，但那是母亲对他的爱，她是想让他把诗写得更好，以后当上作家。

师：那是个善意的谎言。你再说说。

生：母亲是说善意的谎言，而父亲却直接地说那首诗写得很糟糕。

生：他父亲说糟糕透了，也是想要他提高作文水平。

生：母亲就是鼓励他，而父亲就是实事求是。因为父亲想，如果只有母亲的鼓励的话，他长大以后会有点骄傲。这样对他以后不好。

生：母亲认为巴迪毕竟比较小，并且这是他第一次写诗。

师：从成长出发，每个人都有第一次。多年以后，“我”真的写了很多作品，出版了小说、戏剧和电影作品。在倒数第2段里面找找看，你说作者由一个孩子变成一个作家，他成长的力量来自什么？在文章里面找。

生：“一个作家，应该说生活中的每一个人，都需要来自母亲的力量，这种爱的力量是灵感和创作的源泉。但是仅有这个是不全面的，它可能会把人引入歧途，所以还需要警告的力量来平衡，需要有人时常提醒你：‘小心，注意，总结，提高。’”

师：你读了，我要你归纳——他的力量来自两个方面，哪两个方面？

生：母亲的表扬和父亲的批评。

生：是母亲的鼓励和父亲的提醒。

师：书上用的是哪个词？

生：是“爱的力量”和“警告的力量”。

师：（板书：爱　警告）警告的力量是不是爱的力量？

生：是。

师：既然是，为什么还要单独提出来？那写“爱的力量”就行了啊？

生：这样更能够体现出这种爱的代价。

师：“代价”是什么呢？

生：它更能体现“警告”对孩子成长过程的影响。

生：警告的力量用来平衡，爱的力量是灵感和创作的源泉。

师：为什么要把这个“警告的力量”单独提出来呢？相对来讲，我觉得谈“警告”的还是少一些，是吧？

生：是的。

师：所以，作者把“警告的力量”单独提出来。书上有一个词告诉我们，如果没有这个东西就怎么样？

生：“引入歧途”。

师：（板书：歧途）大家注意——左边是一个“止”字，右边是一个“支”字。这篇文章写到这里还不够，作者还有话要说。最后这一段进一步来提升了一下这两种力量。我们来一起把最后一段朗读一遍，请大家把里面写得最形象的句子先画出来。先画后读。

（生画记句子）

师：我们画记的最形象的句子是哪一句？作者又打了一个比方，是吗？

生：“这些年来，我少年时代听到的这两种声音一直交织在我的耳际。‘精彩极了！’‘糟糕透了！’‘精彩极了！’‘糟糕透了！’……”

师：这是比喻吗？

生：这两个极端的断言有一个共同的出发点，那就是爱。

师：这不是比喻呀。

生：把“爱”比作“出发点”。

师：把“爱”比作“出发点”，这个不是比喻。好，我们一起把这一段课文读一遍。

生（齐读）：“这些年来，我少年时代听到的这两种声音一直交织在我的耳际。‘精彩极了！’‘糟糕透了！’‘精彩极了！’‘糟糕透了！’……”它们像两股风不断地向我吹来。我谨慎地把握住我生活的小船，使它不被哪一股风刮倒。我从心底里知道，‘精彩极了’也好，‘糟糕透了’也好，这两个极端的断言有一个共同的出发点，那就是爱。在爱的鼓舞下，我努力地向前驶去。”

师：大家看，最后他用了一个形象的比喻，他说“精彩极了”和“糟糕透了”，他说像什么？

生：像两股风。

师：像两股风，对吧？现在我想大家把它再具体一下，像两股什么样的风？“精彩极了”像哪股风？“糟糕透了”像哪股风？要说理由啊。

生：“精彩极了”是暖风，“糟糕透了”是冬天里的寒风。

师：一个暖风，一个寒风，有没有说得更精彩的？

生：“精彩极了”是春天的温暖，而“糟糕透了”是冬天的寒冷。

师：寒风和春风，还是和他说的差不多。

生：母亲就像春天温暖的风，而父亲就是龙卷风。

（师生大笑）

师：终于还是有点不一样，我喜欢听不一样的。

生：母亲的爱就像温暖的风直吹我们的脸面，很暖和；父亲的爱就像北风，它一吹就像提醒我们——天气凉，要多穿衣服。

师：好！你讲得比他们具体一些。

生："精彩极了"就是慈祥的风，而"糟糕透了"就是严厉的风。

师："慈祥的风"，"严厉的风"，他这个是拟人的说法呢。（生笑）

生：这两股风就像是两个相对的方向吹来的风，只要你把握好了风和舵，你就不会被任何一股风给吹走。

师：非常好，你又有新意。一个是南风，一个是北风，相向而来；一个是东风，一个是西风，风向不一样。现在我们看，还有一个地方，他说"我谨慎地把握住我生活的小船"，把"谨慎"这个词打个圈圈看。（板书：谨慎）"谨"字是怎么写的？看看右边啊，"慎"字尤其要看看，几小横？

生：三小横。

师："生活的小船"，就是把生活比作小船。生活跟小船有什么相似的地方？

生：生活是动的，小船也是动的。

师：生活是漂流的，小船也是漂流的。

生：生活往前走，船也往前走。

生：生活有坏的，船也可能会翻。

师：就是都有危险，是吧？生活里可能有"暗礁"，船在海上可能也有暗礁。

生：在生活中也要把握好每次走的每一步。因为有些时候一不小心走上了一条失败的路，就再也走不回来了。在行船的时候也是一样的，如果一不小心没有把握好船的方向，要是被激流卷走的话，可能再也漂不回来了。

师：讲得好！好有哲学深度。生活是不可回头的，是吧？人生也是不可回头的，人都只有一次生命。

生：我觉得生活和小船都是靠自己把握的。

师：都是靠自己去把握的，所以要谨慎地去把握，对吧？

生：船在航行时会经历风雨，而人在生活中也会经历风雨。

师：看看这篇文章的标题吧，我想把它变成一个形象一点的标题，那你说怎么把它变一变？可以变吧？就用这两股风来把它描述一下。

生：生命中的两股风。

生：来自爱的两股风。

生：人生中的两股风。

生：人生和小船。

生：爱和“爱”，第二个“爱”要打引号。

师：你好聪明的，晓得第二个“爱”要打引号，那个引号表示什么？

生：特殊的爱。

师：还有不？

生：两股风带我前进。

生：把握住生活的小船。

七、现场辩论

师：精彩极了！但是你说作者为什么没用这些题目？我们是从文学的角度来讲的，他是从写实的角度写的。两者都好，是吧？我们现在要玩一个游戏。课文里面写到了两个人，一个是父亲，一个是母亲。你更加喜欢文章里的“母亲”，还是更加喜欢文章里面的“父亲”？

生：母亲（父亲）。

师：更加喜欢母亲的举手，喜欢妈妈的站起来一下。那剩下的全是喜欢爸爸的，是吧？

师：好！你们是“妈妈派”，他们是“爸爸派”。现在我们准备辩论。“妈妈派”站到前面来，好吧？所有的“妈妈派”都站前面来。

（部分学生站到前面）

师：现在我们安静地思考！我为什么喜欢妈妈？（面向“爸爸派”）你们思考——我为什么喜欢爸爸？对方说的话，你要去反驳他，懂我的意思了吗？“妈妈派”先来。

生：我认为在生活中应该给一个孩子多一点鼓励，让他带着这一份鼓励，带着这一份激情往前走。

生：如果只有鼓励的话，就像书上说的会把人“引入歧途”。

生：但是如果只有批评而没有鼓励的话，也会把人“引入歧途”的。

生：如果一个孩子只有爸爸那种批评的话，他会承受不起那种压力的。

生：成长中如果只有妈妈的话，那也不会健康成长。

师：思路还没有打开。

生：父亲很严厉，而母亲却又很温柔，有了母亲的爱就可以使孩子更快地成长。

生：那有些家庭父母离婚了，为什么他们的小宝宝还是会成长呢？

生：我觉得，这不是问题的关键。假设是跟着母亲的话，母亲也可以稍微给他一部分严格的教育。给他一些温柔，也给他一些严格的教育，这样他也可以成长啊。

师：反驳有效！

生：如果只有鼓励的话，他可能会承受不起第一次的挫折。

生：《三字经》里有一句“子不教，父之过”。可见，父亲的批评还是很有效果的。

师：他借用了传统经典，可以反驳一下吗？

生：有了母亲的温柔，孩子以后会有更强的抗挫折能力，因为他可以善待第一次的挫折。

生：那你就不需要父亲的严厉吗？

师：同学们的讨论、辩论都是很有意思的，特别是大家的反应都很敏捷。实际上，这两种爱都很重要，没有谁会更重要。我想，我们在生活中既需要有父亲的这一种爱的力量，像大山一样的力量；也需要像母亲那样的力量，像春水一样的力量，像清风一样的力量。

八、当堂写字

师：现在请大家把本子拿出来，我们写几分钟的字。老师在上面示范着写，你们在下面把每一个字写一行，好吧？我教大家一句写字口诀，叫作：点如瓜子撇如刀，横轻直重捺如扫。什么意思？都是打比方。写点就是像瓜子一样，写撇就是像刀一样，写捺的时候像我们教室里的扫把一样。我们写一下第一个字——“腼”，“腼”是左右结构。写字要有匀称美，左边要和右边分配好。我们看，“腼”字左边是个“月”字旁，我们写左边的时候就想一想，右边怎么基本对称。不是一边占一半，笔画多的就占多一点。不要完全一样平，既要整齐，又要打破一点平衡。

（生写字）

师：写得好认真呀，回家要多练习，汉字是我们文化传承的一部分，要写好汉字。今天的课，你们上得累不累呀？

生：不累，还想上。

师：我这个课上得“精彩极了”还是“糟糕透了”？

生：精彩极了！

师：主要原因是你们“精彩极了”，只有“精彩极了”的学生，才有“精彩极了”的课堂。

九、名师点评

回到语文本身

——评《“精彩极了”和“糟糕透了”》的教学

薛根生

《“精彩极了”和“糟糕透了”》一课，是一堂有着浓浓“语文味”的课。语言味之“浓”表现在：它非常细致地、非常有心地让孩子们获得愉悦的语言学习体验。我很认同黄耀红的观点，语言是语文的家园。

在语文教学过程当中，诸如“这篇课文写了什么东西？表达了什么思想”之类的内容的探讨或是探究，最终要落实到语言体验上。语言体验的主体是谁呢？或者说家园的主人是谁呢？我觉得是学生。

具体到《“精彩极了”和“糟糕透了”》一课，其“语文味”表现在下面几个方面：

第一是字。语文教材与语文课堂是“语文”的，即是由字、词、句、篇构成的，是由听、说、读、写构成的。字词是文章的基本构成材料，是基本要素。以几个细节为例。一个地方是“说”和“嚷”的比较，比较法是带领同学们去体验语言的最好的方法。关于“雨点”的讨论，也相当精妙。这个比喻好，好在什么地方呢？开始同学们只能理解雨点“多”的含义，在老师引导下，他们领会到“雨点”铺天盖地的特点。另一处地方是关于“搂”和“拥抱”的次序能否调换的问题。“搂”和“拥抱”是黄老师重点抓的词。学生们发现了，但是学生们说不出具体理由，特别是“搂”和“拥抱”它们之间有什么区别。这样的地方很多，总之一句话，黄老师在词语教学中，特别重视语境，体味词语所蕴含的“语文味道”。

第二是句子。“我用最漂亮的花体字把诗认认真真地重新誊写了一遍，还用彩色笔在它的周围描上一圈花边。”这句话很长，是不是显得啰唆？让同学们重新念了两次之后，黄老师问换成“我重新誊写了一遍”是不是更简练。还有关于“七点。七点一刻。七点半”这三个短句子的使用，也特别需要教师自身有丰富的语感才能发现这样的“启发点”。

第三是篇章结构。开始进入教学以后，老师即提出了问题：怎样从题目去推测文章的内容？然后让同学们默读一遍课文，默读课文以后，他要求同学们复述故事。复述故事就涉及篇章结构，字词句篇。如何概括叙述的过程？老师教的方法，是找到相应的关键词。然后老师示范，把第一段归纳为“赞扬”，再带领同学们逐渐找到“等待”“争吵”等词语。最后师生又经过讨论，找到了“启示”这个词。我们有些老师，习惯于问学生：这篇文章分为几个部分呢？第一部分是从哪一段到哪一段，这个部分的中心意思是什么？然后第二部分是什么？黄老师的做法，显然更为高明。讲完了“争吵”一段以后，黄老师故意这样说：同学们，文章的题目叫作“‘精彩极了’和‘糟糕透了’”，现在通过这一争吵，这个“精彩极了”和“糟糕透了”都出来了，那文章是不是可以结束啦？同学们说不行，还不能这样做，还不能结束。那还能怎么样呢？还要继续往下写。为什么要继续往下写呢？这又是在进行篇章结构的教学。

课堂教学过程的安排也是富有“语文味”的。老师走进教室以后，就问同学们会不会在说话时打比方，并让大家以“爱”为题来尝试用比喻的方式说话。表面看，这个设计好像是很远很远的，然而，一个“爱”字，就将这个设计拉到了眼里。因为，这篇文章非常典型地写出了人生当中不可缺少的两种爱。有一个学生说“爱就像宽阔的大海”，还有一个同学说爱像“夏天的凉风”，还有些其他不同的说法。那么多不同说法，让我们看到了充满“语文味”的训练的魅力。

“争吵”实际上也是文章的一个重点段。老师采用了以简驭繁的方式，用一个简单的教学活动设计来处理这项教学内容。先让同学们同桌默读，之后一个表演爸爸而另一个表演妈妈，学生上台进行表演对话。我们发现，在表演过程当中，学生不但要把教材的内容传达出来，而且还希望有一定的情感，希望有一定的动作，这正是我们更高层次的语文教育的一个目标。因此，这里的“说”，也是充满“语文味”的。黄老师还提醒同学：“要是忘记了，表演时你就临时创作，你用自己的话表演。”这其实是在激发学生的创造性，让孩子们能够自由地根据教材去发挥。

教学细节当中的“语文味”也是令人赞赏的。比如标题中的引号、形声字的规律，由“两股风”引出的比喻句及重新拟标题。种种细节，都指向一个方向，即语文课就是体验语言的课。

延伸拓展中依然扣住“语文味”。课堂上有一个精彩的辩论环节。这篇课文告诉了我们两种爱：一种是父爱，一种是母爱。这两种爱你喜欢哪一种啊？非常顺其自然地，孩子们分成两派：一是爸爸派，一是妈妈派。然后老师让这两派进行辩论。辩论会肯定是一种高层次的，形式比较完美的，关于语文基本技能“听、说、读、写”的综合性的训练。在这个全过程当中，我们的语文训练就贯穿其中。尤为可贵的是，通过这样一个活动，学生对母爱和父爱的体验更为丰富。

从今天课堂上孩子们的表现看，每个人都在积极参与，每个人都是主人，他们在老师的带领下，一起体验语言。在体验语言的过程中，大家共同享受着对字词，对句子，对篇章，对文本细节的多彩的语言体验。如果说语言是语文的家园，那么这个家园的主人便是学生。

第五课

点燃火种

——《普罗米修斯》课例研究

一、话题引入

师：我觉得聪明的小朋友都有个特点，那就是他想问题的时候，思路打得特别开，有很多很多发现。你们是聪明的小朋友吗？

生（齐声）：是！

师：好，我来测试测试。看老师给你们带来一个什么东西？（课件展示一堆火）你们想想，“火”能有多少种用途？我想看看谁的答案最丰富。

生：可以做饭。

生：可以防野兽，照明，烧水。

生：可以煮食物，能取暖，烧过的木炭还可以净化水。

师：你们的知识真的非常丰富。其他同学还有没有更创新的答案？

生：可以烧水，煮熟食物。

师：你也很聪明，但不要和前面的重复。

生：火可以为人类服务。

师：你这是“一言以蔽之”，概括了火的用途。那么，反过来问，如果没有火，人类将在什么样的环境下生活？

生：如果没有火，人类将在黑暗中度过。

生：如果没有火，人类将在寒冷中度过。

生：我们要生吃食物。

师：你让我们回到了远古时代，有一个成语是“茹毛饮血”，知道吗？（有些学生点头）非常好，同学们刚才说得特别棒。人类的第一堆火是怎么来的？在古希腊的传说中，“火”与一个人的名字紧紧联系在一起，他就是普罗米修斯。普罗米修斯是“神”，所以，这是一个神话故事。你们猜猜什么是神话？

生：神话是夸张的，充满想象力的。

师：不错。

生：神话是想出来的。

师：想出来再写下来就是神话了吗？

生：神话像童话故事一样充满想象。

师：神话与童话都有想象的成分，但有不同，不能相混淆哦。

生：神话是有关神的故事，内容充满了想象力。

师：你很深刻。神话肯定是跟“神”有关的“话”。普罗米修斯的这个故事你们知道吗？

生（齐声）：知道。

师：知道到什么程度？

生（齐声）：全部知道。

师：好，那我请一个同学讲讲这个故事。有难度吗？

生（齐声）：没有。

（生一人复述故事）

师：你怎么这么聪明？

生：我预习了课文。

二、整体感知

师：你预习得非常好。我们在复述故事的时候要抓住要点，故事是怎么开始的？怎么发展的？怎么结束的？请同学们看书，在重点的句子、词语下面画上波浪线，在生字下面打上横线。

（生开始看书）

师：已做好的同学就举手示意，注意，画得越少就越容易记住。

看谁既画得少，又能让我们知道课文的内容。

生：我画了两句，第 2 段的最后一句，还有第 3 段的一句。（读所画句子）

师：读得不错，故事是怎么开始的？

生：普罗米修斯去取火种。

师：到太阳神那里取火种，最简单的词语就是“取火”（板书：取火）。取了火之后呢？故事是怎么样发展的？

生：普罗米修斯受到了惩罚。

师：这句话很关键，他受到怎样的惩罚？结果怎样？

生：普罗米修斯重新获得了自由。

师：课文有三个阶段（板书：取火—受难—自由），这就是概括。抓住了这三个词就会讲这个故事了吗？

（生点头）

师：这一课的生字词不少，我们把生字词齐读两遍。

课件展示生字词：

火焰　驱寒　领袖　气急败坏　惩罚　敬佩

饶恕　违抗　押到　锁在　狠心　双膝　肝脏

（生齐读词语）

师：学习生字，我教大家一点知识，你们知道形声字吗？你们找得出这些词语里面的形声字吗？

生：“惩罚”的“惩”字是形声字，上面是“长征”的“征”，下面是“心”，读音取自“征”。

师：你回答得很棒，很完整。另外，同学们要注意，字的写法。例如这个“焰”，火字旁，与火有关，还有“滔”，这两个字下面的这个地方要注意，两横是分开写的。读完课文之后，请大家讲一讲对普罗米修斯的印象，你会用哪个词语或哪句话来谈？

生：普罗米修斯为人类造福，坚持正义。

生：普罗米修斯具有大无畏精神。

生：普罗米修斯非常伟大。

师："伟大"可以放在任何一个英雄身上，普罗米修斯的个性在哪里？

生：他勇敢、舍己为人、宁死不屈。

生：他为人民造福。

师：你是综合他们的意见吗？

生：我觉得他很固执。

师："固执"是褒义词还是贬义词？我们对英雄不要用贬义词。不过我想知道，你为什么用"固执"？

生：宙斯毕竟是最高的神，不要跟他作对。

生：我不赞同他的说法，普罗米修斯应当跟宙斯作对。

师：你爱憎分明。但是，每个人都有表达自己观点的权利。

生：我觉得宙斯不对，神应该为人类造福。

三、细部研讨

师：你们争得有意思。我们深入看看课文，一起看第 1、2 段。大家一起说说这里写了些什么？

生：普罗米修斯到阿波罗那里取火。

师：我看到另一个版本，不是讲"取火"，而是说普罗米修斯"盗火"。用"盗火"有一点点道理吗？它与"取火"有什么不同吗？两方面都要说说。

生：我认为"取火"是为人类造福，"盗火"是为己所用。

生："盗火"是偷，"取火"是拿。

生："盗火"是趁别人不注意的时候去拿。

师："盗火"怎么不好啊？

生：损坏了普罗米修斯的形象。

师：哦，有损形象，那他是不是“盗”呢？

生：他不是盗火，是为人类造福。

师：为人类造福就不是盗吗？

生：他是神，他这样做是为人类服务的。

生：他一半是偷，一半是取，他毕竟没有经过阿波罗的同意。

师：你这叫辩证唯物主义。

生：从神的角度看是“盗火”，从人的角度看是“取火”。

师：你是一个辩论家！

生：为人类服务是神的职责。

师：同学们，你们讲得都有道理。读书就要这样，从看来没有疑问的地方去思考。我看了一本叫《希腊古典神话》的书，里面也记录了这个故事，我们看看希腊神话对这件事的描写。

课件展示片段：普罗米修斯取来一根粗壮的大茴香长茎，扛着它悄悄走近奔驰而来的太阳火焰车。他把茴香茎秆放在闪闪发光的火苗上，带着余烬未熄的火花回到地球。不久，地面上架起了人类第一堆准备燃烧的木柴，熊熊的烈火直冲天空。

师：你喜欢这段话还是书上的那段话？

生：我喜欢这段话，这段话描写得很详细，书上没有细节的描写。

生：这里不是“盗火”是“取火”。

生：这里连续动作多。我想，因为，熊熊的烈火直冲天空，宙斯才会知道。

师：都喜欢这段话怎么办啊？我们的书没人看了！

生：我喜欢书上的话。因为这段话没有写人类有火后的变化。

生：希腊神话中的这一段不真实。

师：呵呵，神话当然可以不真实。

生：书上好，书上写了有火后人类的环境变化。

师：想一想，有了火，人类将会怎样？

（生读课文）

师：有了火，就可以驱寒取暖。我们来看——“驱赶”的驱为什么是“马”字旁？

生：马跑得快。

师：过去，马是我们最常用的动力。难怪我们外面的路叫“马路”。

师：普罗米修斯“取火”后，课文又写了他受到了最严厉的惩罚。“最严厉的惩罚”体现在哪些地方？

生：立即执行。

师：执行速度快。

生：……痛苦……不屈服。

师：日夜，说明折磨的时间长。

生：……啄食肝脏……永无尽头！

师：说出能体现“最严厉”的词语。

生：“永远”“又”字说明惩罚不止一次，惩罚没有尽头。

师：那么这个鹫鹰是怎么惩罚他的？

生：日夜不停啄食着他的肝脏。

师：你是我的心，你是我的肝，你是我生命的四分之三。你看，这肝脏重要不？惩罚真是太严厉了。我有一个疑问，那么多的“神”，为什么只有普罗米修斯来取火？

生：普罗米修斯创造了人类。

师：普罗米修斯相当于中国的女娲，创造了人类，教人类生产与生活。火是宙斯没有提供给人类的最后礼物。于是普罗米修斯去为人类取火，结果遭受了最严厉的惩罚，我们对他是一种什么样的感情？

生：敬佩。

生：同情、怜悯。

师：我觉得不好说“同情”他，他是至高无上的，让我们带着崇敬的感情读一读这两段。“火神不敢……”

（生齐读课文）

师：我看到每个人的表情都如此悲壮，大家的内心一定充满着敬意。如果这个故事到这里就结束了，大家甘心吗？

生（齐）：我们不甘心。

师：为什么？

生：因为觉得结局很惨。

生：他是为正义而战的，不能一直绑着他。

师：如果一直绑着普罗米修斯，那就意味着邪恶战胜了正义。

生：这样的英雄不应该一直在这个荒凉的地方。

师：如果你是神，你会怎么做？

生：我会不顾一切去救他。

生：我会痛恨宙斯。

生：我觉得这是文章的高潮部分。

师：那文章的结尾是什么？大家读一读。

（生齐读课文）

师：这个结局是大团圆的结局，普罗米修斯最终获得自由。

四、拓展延伸

师：如果我要将这幅插图做成一幅油画，现在缺少一个标题，你能给它取一个最来劲的标题吗？

课件展示：

生：“正义的英雄”。

生：“永远没有尽头”。

师：没希望了，不好。

生：“伟大的盗火者”。

生：“最严厉的惩罚”。

生：“最后一丝希望”。

师：我修改一下——永恒的希望。

生：“馋鬼与英雄”。

师：“馋鬼”是指？

生：鹫鹰天天吃普罗米修斯，所以它是“馋鬼”。

师：鹫鹰很凶恶，“恶鬼”更好一些。

师：我们中国有关于火的传说吗？

生：炎帝的故事。

师：和“盗火”没关系吧，你这是神话新编呢。大家听过燧人氏的故事吗？

（生有答“听过”与“没听过”的，师讲燧人氏的故事。）

师：都是取火的故事，中国的燧人氏成了首领，希腊的普罗米修斯获得了自由。这两种不同的结局，耐人寻味。这是中西文化的不同，你们长大后可能会明白一些。今天，我们的课就上到这里。下课！

五、名师点评

对话的力量

——评《普罗米修斯》的教学

李　庄

黄耀红博士应长沙市雨花区之邀请，给全区语文教师上教学观摩课《普罗米修斯》，并做题为“让语文成为一种魅力”的专题讲座，他的教学与讲座获得如潮的好评。这里，我想借用黄博士讲演的观点关键词，从“课堂魅力”来自“角色魅力”的角度，就他的教学做些研讨。

一、知心

“我觉得聪明的小朋友都有个特点，那就是他想问题的时候，思路打得特别开，有很多很多发现。你们都是聪明的小朋友吗？”——耀红博士用这样的课堂激励拉开教学的序幕，也拉近了师生距离。

“你们想想，‘火’能有多少种用途？”

“如果没有火，人类将在什么样的环境下生活？”

教师从生活入手，正反巧问，旨在激发孩子的思维，为学习本课奠定体验的基础。

“如果你是神，你会怎么做？”

诸如此类的带着情感的假设性提问，很好地将学生带入文本情境，并表达自己的情绪体验，由此获得感染和熏陶。

不难看出，教师要做课堂上的“知心者”，首先在于教师根据儿童的心理，用浅近的语言，激发他们言说的兴趣，开启他们思维的空间。

二、引领

“读完课文以后，请大家讲一讲对普罗米修斯的印象。”

此处，问题覆盖面宽，给学生自由度大，引得不少学生接二连三地发表了自己的看法。然而，有位学生冷不丁地说：“我觉得他很固执。”黄博士的现场反馈是：“‘固执’是褒义词还是贬义词？……我想知道，你为什么用‘固执’？”

那一刻，我们看到的是尊重与平等的思想闪光！这就是有效的反馈和评价！

整个课堂上，像这样的精彩评价，俯拾皆是。

评价中不乏肯定。“你怎么这么聪明？”“你像一个辩论家！”“你这是神话新编呢。”在孩子面前，黄博士总是肯定中有激励，褒扬中有幽默。

评价中不乏补充。“神话与童话都有想象的成分，但有不同。”“我修改一下——永恒的希望。”“鹫鹰很凶恶，‘恶鬼’更好一些。”这里，我们看到，教师在补充中有引导，其语言十分准确而精当。

评价中不乏纠错。“你也很聪明，但不要和前面的重复。”“想出来再写下来就是神话了吗？”黄博士的质疑从不咄咄逼人，而是口吻和缓，语气亲切。

由此可见，一个教学的“引领者”，他必须深入钻研教材，在课堂上全心投入，才有可能真正做到“在尊重中引导，在引导中尊重”。

三、会意

会意，即对语言文字有着深刻的理解和感悟。课堂上，黄博士始终扣住文本，引领学生深入语境，在语言的海洋中徜徉。

“概括内容”时，教师先让学生复述故事，再要求学生自读课文。画记重点语句，然后拎出关键词“取火”“受难”“自由”，进而概括出主要内容。这样，突出了过程，渗透了方法，讲求了实效。

就连文本中的插图，也成了黄博士教学内容的重要组成部分。他问：“如果我要将这幅插图做成一幅油画，现在缺少一个标题，你能给它取一个最来劲的标题吗？”显然，他想借此来升华主题，熏陶情感。

四、对话

文本是教师教学的依据和凭借，但不是一成不变的“圣经”。在这堂课里，黄博士有三处独特的开放式教学设计：

一是：“我看到另一个版本，不是讲‘取火’，而是说普罗米修斯‘盗火’。用‘盗火’有一点点道理吗？它与‘取火’有什么不同吗？”

二是展示《希腊古典神话》中的片段描写，问：“你喜欢这段话还是书上的那段话？”

三是读到“受难”的段落时，问：“如果这个故事到这里就结束了，大家甘心吗？”

学生通过三次比较阅读，既拓宽了视野，又开启了思维，培养了能力。

接近教学尾声时，教师还提出一个耐人寻味的话题：“都是取火的故事，中国的燧人氏成了首领，希腊的普罗米修斯获得了自由。这两种不同的结局，耐人寻味。这是中西文化的不同，你们长大后可能会明白一些。”

当然，如果从小学语文学科教学的角度来看，引导学生在感情朗读的过程中展开适当的联想与想象，通过人物外表去揣摩其心理（如“痛苦”），课例在这方面略显不够。

在我看来，作为一个教育学博士、教育杂志编审，一个资深教育记者，黄耀红先生以他炽热的教育之爱和独到的教育之智，深入小学一线课堂，不仅难能可贵，更令人敬重，让人受益匪浅。

黄博士说，语文是一种魅力。我想，他的魅力课堂，首先源自他的“魅力角色”。

第六课

人文往返

——《老人与海鸥》课例研究

一、欣赏图片，进入文本情境

师：首先，我想跟同学们一起分享几张图片。看了这几张图片之后，请把你的第一感觉告诉我，也告诉大家。

（出示图片：其一，一个孩子在玩大象的长鼻子；其二，一只猫用爪子摸小姑娘的脸蛋）

生：我觉得人与动物之间很亲昵。

生：人与物之间可以用心灵去沟通。

师：是“物”吗？（指桌子）“物”不是生命。

生：是讲人与动物之间的和谐相处。

师：那么，我问你，你敢这样跟动物相处吗？

（生有答敢与不敢的）

师：为什么不敢这样？

生：我怕小猫抓我的脸。

师：我想，动物可能也怕我们。之所以“怕”，就因为我们与动物之间缺乏最深的理解，还没有真正的心灵交流。

二、问题质疑，独立评论文章

师：今天我们学的这篇文章，是讲人与动物之间的故事的，题目叫《老人与海鸥》。看了这个标题，你们有什么问题想问吗？

生：为什么是“老人与海鸥”，而不是“海鸥与老人”？

师：这个问题提得很好！你们等会儿讨论。还有问题吗？

（生沉默）

师：你们是否喜欢这篇文章？注意我是说，是否喜欢？

生：我喜欢。因为文章虽然写得朴素，但是能让我们体会到老人对海鸥有情有义。

生：我喜欢。因为，我从文中感受到人与动物之间跨越大自然的亲近。

生：自己的爱恨和智慧。

生：我能从中感受到人与动物的和谐。

师：有没有不喜欢的？

生：我不太喜欢。我希望最后那位老人没有死，这样结局就更美好了。

师：你有一个美好的愿望，你希望美好的东西能够永存。

三、对比阅读，学习细腻描写

师：老人与海鸥之间有着怎样的关系，从开头默读到第 115 页第一行，看能否用最简洁的话语来概括他们之间的关系。

生：亲密。

生：亲如一家。

生：情同手足。

师："手足"是兄弟，改两个字。

生：情同父子。

生：亲密无间。

师：课文如果仅仅写老人和海鸥是多么亲密啊，亲得像一家人，那能不能打动我们？不能。文章是通过细致的描写来表达亲密的感觉。你们会不会描写？

（出示第一幅海鸥图）

生：像一架架战斗机。

师：这个比喻形似，可是如果放到讲人与动物和谐相处的文章里，不太合适，火药味太浓。

生：像白色的天使，从天而降。

生：像一只只白色的风筝。

生：远远地看起来像雪花飞落，近处看像一张张纸片。

师：比喻成纸片，似乎没有表现出海鸥的生命力。

生：是吉祥幸福的鸟儿。

（出示第二幅海鸥图）

生：像一张渔网。

生：像爆竹。

生：像受到了什么刺激，非常兴奋。

生：像舞动的白云，飘向它们的天堂。

师：我们一起找出书中描写海鸥的句子，画上波浪线。

（生朗读所找的句子，齐读句子）

师：作者写得怎么样？好在哪里？

生：把海鸥飞翔的样子写得很形象，“翻飞的白色”写出了海鸥飞翔的声音，“有声有色的乐谱”写出了海鸥的色彩。

生：乐谱是非常有灵性的。

生：这一段描写把海鸥和音乐结合起来了，写出了海鸥的纯洁。

师：刚才人家描述得很不错，还想试试自己的描写能力吗？

（出示老人喂海鸥的画面）

生：老人穿得很普通，看上去很平凡。

师：要描写得具体一些。

生：老人穿着破旧的衣服，眼睛显得有些苍老。

生：老人驼着背，衣服上打着补丁，眼睛深情地望着海鸥。

生：老人的眼睛里流露出对海鸥的慈爱。

生：老人的背佝偻着，年近古稀。

师：“花甲”是60岁，“古稀”是70岁，你认为老人到底是多大？

生：花甲与古稀之间吧。

生：老人还背着一个白色的袋子。

生：老人穿着一双早已过时的老军鞋，脸上布满了皱纹。

师：描述得不错。我们现在齐读第2段，看作者究竟是怎样描写老人的。

（生齐读）

师：写得好吗？作者反复用了哪一个词？

生：“褪色”，这个词用了三次。

师：“褪色”一词用三遍，是因为作者词汇贫乏吗？

生：是为了强调。

生：是表现老人给海鸥喂食的时间长。

生：是表现老人家里的贫穷。

生：老人家境贫寒，生活简朴。

生：写出了老人对海鸥的一片深情，宁愿自己省吃俭用，也要去看望海鸥。

师：是啊，这词语可不是随便乱用的，一个词语可以透露出很多信息。再举个例子，文章开头说，“海鸥飞得热闹”，一般情况下，都写飞得高，飞得远，为什么说飞得“热闹”？

生：海鸥多。

生：海鸥飞动时翅膀扇动声音很响。

生：海鸥一边飞一边叫。

师：“细微之处见真情”，请找出最能表现老人对海鸥的真情的“细微之处”，包括老人的动作、话语与神情。

生：“很小心”地放。

生：老人的眼睛立刻变得“生动起来”。

师：你们说，通常用什么词语来描写老人的眼睛？

生：浑浊，呆滞。

师：那文中老人的眼睛为什么会变得生动起来？

生：是因为老人对海鸥非常喜爱。老人把海鸥看作亲人，一谈到海鸥，老人的眼睛就生动起来。

师：老人与海鸥说话时是“亲昵”，什么情况才这样？

生：相处了很久，互相很了解。

师：海鸥每天飞回去的时候，老人眼里充满“企盼”。我如果改为充满“依恋”，行吗？

生：“企盼”更好些，“企盼”有等待的过程。

师：其实，我觉得依恋也不差，表达永远不是唯一的。

（板书：动作：小心、俯身；话语：亲昵、大喊；眼神：生动、企盼）

师：老人是人，海鸥是鸟，人对鸟充满如此深情，鸟能理解这份情，收到这份情吗？细致的描述告诉了我们答案。有哪些语句表达这一点？

生：应声而来，应声跃起。

师：“应声”说明了什么？难道海鸥听得懂人的语言？它有那么聪明吗？

生：人与鸥之间，语言不通，情感却是相通的。

四、唤起体验，理解人鸥深情

师：《老人与海鸥》是一个真实的故事，这位老人叫吴庆恒。对于这位老人，你们有什么疑问吗？

生：海鸥是怎样认识老人的？

生：老人为什么要天天不顾路远去给海鸥喂食？

师：吴庆恒，是昆明化工厂一名退休工人。他年轻时受到政治迫害，终身未娶，孤独一人，无儿无女无老伴。你理解他为什么对海鸥的感情那么深吗？

生：他把所有的情感寄托在了海鸥身上。

生：海鸥也是有灵性的。

师：人们为什么要把老人的遗像给海鸥看？

生：因为老人是海鸥的亲人。

（分男女生读课文最后几段）

师：课文里对于海鸥的表现有详细的描写，你们相信吗？

生：相信。凭着老人与海鸥的情谊，海鸥们能不激动吗？

师：看看海鸥看到老人的遗像后有怎样的表现？海鸥的飞翔和叫声表达它们什么心情？

生：悲痛的心情。

生：先是惊慌失措，六神无主，后来才悲痛。

生：它们一定非常震惊。

师：海鸥的举动绝不是偶然，因为，后来还有更令人震惊的。

（生读“海鸥们肃立不动”一句）

师：海鸥们居然知道“肃立”？你觉得这是人的错觉，还是海鸥有意为之？

生：海鸥们与老人之间有心灵感应。

生：海鸥与老人的感情不同寻常啊。

师：更奇的还在后面。在写海鸥的动作时，文章将“扑”字用了几次？你从这个字读出了什么？

生：“扑”字让我感觉海鸥们要与人们拼命一样，不愿人们拿走老人的遗像。

生：海鸥们还想多看老人几眼。

师：最后，文章将海鸥比喻成“漩涡”，两者的相似点是什么？

生：说明海鸥很多，它们心情很急。

师：“漩涡”肯定是卷得很急的水流，且上面有白色的浪花与泡沫，那正像白色的鸥群，对不对？

（生赞同，并齐读）

五、理解结尾，延伸拓展训练

师：他的心里，一定是飞翔的鸥群。老人去世了，他的心里有鸥群，不是说可能是鸥群，而说“一定是”，如何理解句子的言外之意？

生：老人没有亲人，临死前心里牵挂的只可能是海鸥，并且海鸥也记得老人。

师：当我们将老人的遗像拿走的时候，海鸥是那样难以割舍。想想看，为了纪念老人，为了安慰海鸥，我们可以用什么方式让老人的身影永远留在湖边？

生：在翠湖边建一座雕像。

师：这个提议很好。现在，湖边早就立了这样一座雕塑，请你们给这座雕塑拟一个主题。

生：海鸥的天地。

师：你这个主题似乎把老人给忘了。

生：老人与海鸥。

师：就用课文的题目，对吗？可惜不是原创。

生：海鸥之父。

生：海鸥最亲密的朋友。

生：无题。

师：一切尽在不言中。

生：心灵的呼唤。

师：记得前面有人问，为什么课题不叫“海鸥与老人”？现在再思考。

生：是老人先向海鸥表示友好的。

生：因为人是万物之灵嘛。

师：人是万物之灵没错，不过，别忘了万物都有灵哦。

生：老人像海鸥的父亲，海鸥像他的儿女，当然父亲在前。

师：这篇文章的作者叫邓启耀。课文是根据他的文章改写的。他原文的标题叫什么呢，叫"寂寞鸥灵"。如果以这个标题作雕塑的主题，我觉得也挺好，你们认为呢？课后想一想。今天的作业：请以"致老人"或"致海鸥"为题，在雕塑上写几行诗。

五、名师点评

随意中的悠远

——评《老人与海鸥》的教学

谢早早

一

【片段一】

师：首先，我想跟同学们一起分享几张图片。看了这几张图片之后，请把你的第一感觉告诉我，也告诉大家。

（出示图片：其一，一个孩子在玩大象的长鼻子；其二，一只猫用爪子摸小姑娘的脸蛋；其三，一群鸽子停在女孩子的肩膀上）

生：我觉得人与动物之间很亲昵。

生：人与物之间可以用心灵去沟通。

师：是"物"吗？（指桌子）"物"不是生命。

生：是讲人与动物之间的和谐相处。

师：那么，我问你，你敢这样跟动物相处吗？

（生有答敢与不敢的）

师：为什么不敢这样？

生：我怕小猫抓我的脸。

师：我想，动物可能也怕我们。之所以“怕”，就因为我们与动物之间缺乏最深的理解，还没有真正的心灵交流。

这是本课的导入部分。教师引导学生观察图片，引发他们的思考，进而切入课题。整个导入，就像是一首优美乐章的序曲，架通生活与课堂，以“境”激“情”，因“情”入“境”。这看似随意的几幅画以“境”的方式，激起了孩子们那颗亲近动物的心，向往自然的“情”。但，黄博士没有就此止步，而是因“情”入“境”，再次回到真实的生活中。他说，你敢这样跟动物相处吗？的确，向往是美好的，与动物和谐相处是美妙的，在孩子们心中不禁激起了千层细浪：我究竟敢不敢去实践这种美好，去感受这种美妙？水尝无华，相荡乃成涟漪；石本无火，相击而发灵光。这一问在孩子们心中荡起了层层涟漪，激发出了思维的灵光。

二

【片段二】

师：描述得不错。我们现在齐读第2段，看作者究竟是怎样描写老人的。

（生齐读）

师：写得好吗？作者反复用了哪一个词？

生：“褪色”，这个词用了三次。

师：“褪色”一词用三遍，是因为作者词汇贫乏吗？

生：是为了强调。

生：是表现老人给海鸥喂食的时间长。

生：是表现老人家里的贫穷。

生：老人家境贫寒，生活简朴。

生：写出了老人对海鸥的一片深情，宁愿自己省吃俭用，也要去看望海鸥。

三个“褪色”究竟在表达老人对海鸥的情感中有什么作用呢？黄博士带着孩子们咬文嚼字，联系生活实际，用生活经验来解读文本的含义，促使孩子们深层次思考，得到体验与感悟，同时也让孩子们体验了祖国文字的魅力。

三

【片段三】

师：“细微之处见真情”，请找出最能表现老人对海鸥的真情的“细微之处”，包括老人的动作、话语与神情。

生：“很小心”地放。

生：老人的眼睛立刻变得“生动起来”。

师：你们说，通常用什么词语来描写老人的眼睛？

生：浑浊，呆滞。

师：那文中老人的眼睛为什么会变得生动起来？

生：是因为老人对海鸥非常喜爱。老人把海鸥看作亲人，一谈到海鸥，老人的眼睛就生动起来。

师：老人与海鸥说话时是“亲昵”，什么情况才这样？

生：相处了很久，互相很了解。

“细微之处见真情”这是黄老师在课堂中反复强调的。的确，如何体会老人与海鸥之间那种微妙的不可言说的情感，兴许，我们只能通过一个眼神、一句呼唤、一个动作、一个特写的镜头去感悟这种心灵之间的默契。

看之随意，品之悠远。这便是黄博士的课堂教学艺术。

第七课

言而有寓

——《滥竽充数》课例研究

一、引入

师：我们每个人都喜欢听故事，听了故事后大家是不是想过：为什么会这么喜欢听？我们到底想从故事里获得什么？

生：故事里有幽默的情节。

生：故事里有优美的传说。

生：故事里有做人的道理。

师：不错，故事里有生活，更有对生活的感悟。现在，我想测一测大家。这里有8种动物名，与这些动物相关的经典故事，你都知道吗？

【课件展示：（1）青蛙 （2）蛇 （3）猴子 （4）孔雀 （5）兔子 （6）狐狸 （7）小羊 （8）龙】

生：青蛙王子。

生：狐假虎威。

生：守株待兔。

生：画龙点睛。

生：亡羊补牢。

生：猴子捞月。

师：孔雀没有吗？

生：骄傲的孔雀。

师：大家的知识都特别丰富！你们发现了吗？这些故事都有一个共同的特点，那是什么特点呢？

生：这些故事里都有做人的道理。

生：这些故事都把动物当人来写。

师：我们给这些故事起个名字，叫寓言。同学们都拿出笔记本来写一写。知道“寓”的意思吗？寓是把道理寄托到故事里面去。

（板书。寓：寄托）

二、释题

师：今天，我们要学习的是一则中国古代寓言故事——《滥竽充数》。（板书：滥竽充数）“滥”“竽”这两个字在结构方面有一个共同规律，你发现了吗？它们都是由两部分组成，“滥”的左边表其与水有关，右边表读音；“竽”的上半部分表示与竹子相关，下半部分与读音有关。所以说，这两个字都是形声字。那么，大家知不知道“滥”的最原始的意思呢？试着用“滥”组个词。

生：泛滥。在“滥竽充数”这个成语里，“滥”的意义引申了，是虚妄不实的意思。

师：“竽”是什么意思呢？竽是古代一种乐器，用竹子做的。学习本课之前，你们曾听过这个故事吗？

（生回答听过）

师：以前你们听到的可能是白话版的，今天我们学习的这个故事却是用文言写的。这个故事来自《韩非子》，韩非是战国时代的思想家，大约生于公元前280年，死于公元前233年。你可以算一算，这则故事到现在至少流传了多少年？

（生算时间，答2000多年）

师：是的，流传了2000多年了。想当初，这样的故事是写在什么地方？

生：刻在竹片上。

师：对，这就是最初的文言文。在竹片上刻字是很困难的，所以刻在竹片上的文字非常少，文言是简洁的。

三、初读

师：现在，请打开书，我要找一个同学读读课文，其他同学把难读、难写的字圈出来，还要数一数，这篇文章有多少字。

（指名读）

师：她有些字没读准。听出来了吗？

生："好"（hào）读成了 hǎo。

师：是的，这是个多音字。表达"喜欢读书"的意思时，应当读为"好（hào）读书"。

生："说"（yuè）读成了 shuō。

师：这个地方是个"说"字啊，怎么读 yuè？因为这里原来是要表示"喜悦"的意思，但是当时没有造"悦"这个字，就用"说"来代替，这就是通假字。还有一些字特别难写，有哪些字呢？

生：廪。

师：（边写边示范）我们看看这个字是怎么写的，上面一个广字头，里面一点一横，如果去掉广字头，左边加两点也是"凛"，"大义凛然"的"凛"。大家动笔写一写。

（生写字）

师：这篇文言文一共有多少字？

生：44 个字。

师：44 个字是个什么概念呢？一首七言律诗，就有 56 个字。这么短的篇幅，容纳的内容可不少！文章写了多长时间之内的事情？

生：写了两代国王间的事。

师：写到了几个人物？

生：3 个。

师：这么长的时间跨度，这么复杂的人物关系，居然用 44 个字就写完了。文字真的可以缩短，可以捶打。我们一起把文章读一读。

（学生齐读课文）

四、细读

师：故事只有3句话，我们来细读，品一品里面的语言。看“齐宣王使人吹竽，必三百人”这一句。我想，将“必三百人”改成“凡三百人”可不可以？“凡”是“共”的意思，“凡三百人”就是“共三百人”。

生：“必”是必须三百人，不能多也不能少。

生：“必三百人”，一定要三百人一起吹。

师：他是不是每次都这样？是不是每次吹竽都要三百人？

生：“必”说明次次都要这样，没有例外的。

师：为什么要强调次次都如此呢？结合下面的情节来说一说。

生：要不是次次如此的话，那就没有滥竽充数这件事发生了。

师：可见，刚才这个“必”字，实际上为故事的发展做了铺垫。再看，“使”是什么意思？

生：让。

师：那我们换成“齐宣王让人吹竽”好不好？

生：“使”是“命令”人吹竽。

师：你的语感很好，“让”很客气，“使”有种霸气在里面。往下看，注意这个“南郭”，南郭表示姓，这是复姓。你们班有复姓的学生吗？

生：有，有一个学生姓欧阳。

师：南郭跟欧阳是一样的，都是复姓。你知道南郭先生有什么业余爱好吗？

（生说到南郭先生的业余爱好，被老师否定）

师：大家没有被我“骗”到，没有答“吹竽”。他并不会吹竽，可他居然还敢去齐宣王那里主动请求加入吹竽的队伍。请大家注意这个“请”，“请”是请求。这句里的“为”字是什么意思？

生：是“给”的意思。

师：对。假如妈妈为你穿衣，为是什么意思？给，替。“为”还可以读成第二声，它也是个多音字。大家再想想看，南郭先生去齐宣王那里“吹竽”抱着什么目的？

生：他想养家糊口。

生：混饭吃。

生：他为了当官。

生：给他粮食，就是给他饭吃；吹竽就可以有饭吃。

师：“廪食”就是供给粮食。标记“廪食”的解释。“廪食以数百人”中“以”是什么意思？

生：按照。

师：对。大家写一写（板书：按照）。那么，南郭先生的目的达到了吗？

生：达到了。

师：而且是轻松就达到了。你从哪里可以看出他轻松地达到了？

生：“齐王说（yuè）之”，说，是“很高兴”的意思。

师：那你们猜一猜：南郭先生是怎样让齐宣王高兴的，想想南郭先生可能会和齐宣王说些什么？假设现在我就是齐宣王了，你们会对“我”说些什么？

生：我是最高明的音乐家。

生：这种音乐会使你陶醉。

生：你听了我的音乐会更长寿。

生：你这么帅，如果能配着音乐跳舞就更帅了。（众笑）

师：在齐宣王那里，南郭先生到底是怎么样吹竽的，课文有没有写？想想看，从宣王死到湣王立，多少年过去了啊，其间发生了多少故事，作者写了一点点吗？

生：没写。

师：为什么没写？

生：因为那些都是次要的，都和“滥竽充数”没有关系。

师：是啊，“宣王死，湣王立”，只6个字，就交代了改朝换代。“立”是什么意思？

生：是即位。

师：其实，在这个故事里，作者根本就没有说南郭先生会不会吹竽，但我们对他的印象却是共同的，他不会吹，这就是表达的高明。那么，我们从哪个地方看出来他不会吹？课文妙在哪里？

生：“处士逃”。“逃”字说明了南郭不会吹。

师：我们试着在前面补一个词来形容他如何逃。

生：仓皇而逃。

生：狼狈而逃。

生：落荒而逃。

师：也可以说生怕被人发现悄悄潜逃。但课文都没这样来形容，就用了一个“逃”字。难道这个“逃”比所有的词都好？

生：因为文言文字要少。

生：因为他是出事而逃，没时间思考。

生：仓皇而逃、落荒而逃都是逃，寓言故事要求简洁，为什么不就用一个“逃”字呢？

师：很好！现在我们一起把课文读一遍。

（生齐读）

师：读得不错，请看课文中间这一幅插图。现在我们要为这幅图拟个题目，看谁起得高明。

生：这叫“落荒而逃”吧。

生：自食其果。

师：你这个题目带有感情色彩。

生：处士逃跑。

生：自投罗网。

师：“自投罗网”不合适。我觉得，也可以用最简单的一个字：“逃”。现在我们学完了故事。

五、评价

师：故事里有3个人物，你对这3个人是怎样看的。可评1个，也可评价3个。

生：我来评价南郭先生，他是个投机取巧的人。

生：齐宣王太笨了，让南郭先生一起吹竽。

生：齐宣王太喜欢听人拍马屁了。

生：我觉得齐宣王想事情要想得周到一些，他“一一听之”，就让南郭先生逃跑了。

（师纠正：是齐湣王）

生：南郭先生一是狡猾，二是胆子大。

师：那你总的来说是褒还是贬呢？

生：我觉得南郭先生太蠢了。他吹了那么久的竽，也应该学会一两首。如果他事先做点准备，齐湣王“一一听之”的时候，他依然可以蒙混过关。

师：是的，他不能未雨绸缪。

生：他先是乘虚而入，再是自食其果。

师：这两个词语都用得非常恰当。

生：齐宣王要组建最好的乐队，为什么不先面试呢？

生：齐宣王只懂得欣赏一支乐队。

师：应当说，他的爱好并没有错吧。其实，“滥竽充数”现在演变成了一个成语，“滥竽”就有个比喻义，比喻什么样的人？

生：比喻没有真才实学的人。

师：下面，看谁有创意，能用“滥竽充数”来造句，看谁造得精彩。

生：在考场里，有些同学由于学得不太好，就滥竽充数地偷看。

师：这个句子造得不太好。

生：我们不能滥竽充数，而要认真学习，否则会像南郭先生。

师：不错。我们的思维能不能再打开一点？

生：上课时，柳方成每次都大喊大叫，结果说错了，搞得我们也跟着喊错，成了滥竽充数的人。

师：看来，“滥竽充数”这个词是在一种集体的环境里来使用的。

生：音乐课上，有很多同学滥竽充数。

师：你们创设的都是滥竽充数的情境。其实，“滥竽充数”这个词不一定都是表示贬义，有时候也表示谦虚。比如黄老师来岳阳上课，我不是老师，但是今天在这里上课，是不是也算作滥竽充数？

生：不是的。

师：自己讲自己“滥竽充数”是表示谦虚。同学们造句都造得不错，现在请你们自己再读故事，争取背下来。

（学生自由读背，然后，一起读课文，再盖着书一起背故事）

师：有没有滥竽充数的？能背的举手。

（指名背，一生起立背诵课文，背得动听而流利，全场鼓掌）

师：你声音很好听。

六、拓展

（1）参读故事

师：韩非是中国古代寓言故事第一人，我们再快速地读他的另一篇寓言。

CAI 课件展示：

宋人有耕者，田中有株，兔走触株，折颈而死，因释其耒而守株，冀复得兔。兔不可复得，而身为宋国笑。今欲以先王之政，治当世之民，皆守株之类也。

师：你们知道这个故事是什么吗？

生（齐答）：守株待兔。

师：请一个同学读一遍。

（一生读，读得有点结巴。老师纠正读音："耒"读 lěi，是耒阳的耒，"冀"是"希望"的意思）。

师：读得不太熟，我带大家读一遍（师生共读）。我把关键的词说一下。"兔走触株"，"走"是什么意思？

生：跑

师：对，三十六计走为上。"走"就是"跑"的意思。往下看，"耒"，是一种农具；"而身为宋国笑"，"为"是"被"的意思。谁能把故事串讲一下？

（生一边说，老师一边帮着释义）

（2）续写故事

师：好的寓言故事，总需要特别的想象。我想提供一个寓言的开头，让你们设计一个结尾，好不好？

课件展示：

寒冬来临之前，在深秋的田埂上，有三只小田鼠忙忙碌碌做着过冬的准备。

第一只田鼠拼命地去找粮食，它一趟又一趟把谷粒搬进洞里。

第二只田鼠卖力地去找御寒的东西，把许多稻草拖进洞里。

第三只田鼠呢？它在田埂上游荡，一会儿看云彩，一会儿看大地，一会儿躺着幻想。

冬天来了，三只田鼠会怎样呢？

师：请大家给寓言想一个结局。

生：第一只田鼠吃得饱饱的，它还躺在床上看电视。第二只田鼠躲在被子里睡觉，第三只田鼠在家里冻得吱吱叫，后来被冻死了。

师：你的结局是大多数人的想法，都想谴责第三只田鼠，有没有不一样的？

生：第一只田鼠冻死了，第二只田鼠饿死了，第三只田鼠趁机霸占了它们的洞，过着有吃有穿的日子。

师：你这个设计，很“狡猾”，不过，不太“善良”。我看到这样一个结局——冬天来了，第一只和第二只田鼠吃得饱，也穿得暖，可在洞里却感到很无聊。它们只好求第三只田鼠，请它给它们讲故事。原来第三只田鼠也在为冬天做准备，不过，它所做的不是物质准备，而是精神准备。

师：最后，我们看寓言像什么？请给寓言这种文体打一个比方。

生：寓言是人的精神大餐。

生：寓言是一堂课。

师：还可以是什么？

生：寓言是一缕阳光。

生：寓言是一根针。

生：寓言像相声演员的那个包袱。

（3）名著导引

师：大家的回答都很好！寓言是一个神奇的魔袋！我给大家介绍一些世界著名的寓言：俄国的《克雷洛夫寓言》、法国的《列那狐的故事》和《拉封丹寓言》、古希腊的《伊索寓言》，庄子、孟子、韩非的文章里也有不少经典寓言。今天还有寓言畅销书《谁动了我的奶酪？》等，课后同学们可以找这些寓言书来读一读。

五、名师点评

充满情趣而意味深长

——评《滥竽充数》的教学

吴　群

听完课，听到两位老师的感叹。一位老师说，博士来小学上课，能上成这样真的很不错。言下之意，到小学上课是特别需要教育艺术的。大学教授不一定上得好小学的课，但黄博士就敢上，还上得这样让小学教师服气，不容易。这是就教学技巧而言。另一位老师说，到底是博士，才能上出这样的课来。这是就课的丰富和深刻而言的。

寓言这一类文体的教学，在小学语文教学里，确实少有人关注到。王荣生先生将语文教材的选文分为四类：定篇、例文、样本、用件。寓言属于哪一类？从很多寓言选文来自古代经典作品看，应该属于“定篇”；从寓言的功能是告诉儿童一个道理这点看，寓言又应该属于“用件”。根据不同的类型，应该选择不同的内容。寓言对儿童有着怎样的教学价值，寓言教学存在怎样的问题，寓言到底应该怎样教？基于这些考虑，黄耀红博士组织了一次以寓言教学为主题的“湖湘语文”研讨，并执教了《滥竽充数》这一则寓言。

这样的好处，使研讨不仅仅停留在教学层面，大家从课程层面开始讨论——根据语文课程目标，寓言文本的教学价值到底在哪儿？具体到《滥竽充数》这篇课文，应该教学什么内容？黄博士选择了体会文言文的简洁、精当和了解寓言的寓意为主要教学内容。同时，在教学内容的创作上，既有文本的横向拓展——《韩非子》的另一则寓言《守株待兔》，又有故事的纵向拓展——给一则寓言故事

《三只田鼠》作续写。

从教学层面看，课程的设计是大气的，课程的流程合理清晰：

一、故事导入，了解寓言特点。

二、读准、读通课文。这是深入学习任何一篇课文的基础，对文言文学习来说尤其重要。

三、品读课文。抓住“必”“使”“逃”等字让学生体会用字的精妙；通过扮演角色想象、给插图取名、评价文中人物等方式，让学生领会文章的主旨。

四、阅读拓展。阅读一个寓言故事，并续写一则寓言。

黄博士上课的风格是自然随意、行云流水的。这是一种未经雕琢的课堂，也是一种未经磨砺的课堂，这样的课堂当然更接近我们的课堂常态。课上得随意，随心所欲地上，放开自己去上，敞开自己，使课有了“生命在场感”（张文质语）。又因为底蕴的丰富、技巧的娴熟，心之动之，意之达之，达到了随心所欲的境界，所以才有随意悠闲的、自在轻松的充满情趣的课堂。

在整个教学中，黄博士营造了一种非常宽松的氛围，这首先来自他的轻松随意的方式——他在课堂上坚决执行自己的观点——决不掌控学生，教师的作用是要托起学生！无疑，他在将自己的轻松随意传递给学生，学生在这样的课堂才不会拘谨，才会焕发出本身的童真。

当然，课堂要达到这样的境界，这里面包含着老师很多设计和引导的艺术。如，课始相关的一组动物名的出示，激发学生的兴趣，引发了学生的生活体验，对寓言有了一个感性的认识，拉近了学生与寓言的距离。有时，他会提出一个让人意想不到的问题，如，南郭先生的业余爱好是什么？让学生先“蒙”一下，继而再认识到老师的“狡猾”，会心一笑。更多的时候，是体现在幽默的即兴评价中，鼓励的时候自然让学生欣喜，即使是批评学生也并不难堪。

评述三个人物时，学生发言非常精彩。为什么？这样的活动学生喜欢，有话可说，对他们来说并不难。教者以此为铺垫，在此基础上再引学生去体会成语的含义，是一种循序渐进的策略，是一种有效的教学方法。

对“滥竽充数”这一成语的理解运用，我们很多老师以前教学时，大都是到“冒充有才能的人没有好下场”就结束了。黄老师不是这样。一是点出了这个成语一般在一种集体的情境里使用，这是对这个成语内涵更本质的概括；二是拓展了这个成语运用的外延，除了规劝别人和警醒自己之外，有时还可用于自谦的表达。让学生背课文时，老师故意问：有没有滥竽充数的？把成语放在这样一个现成的现场环境中来理解，真是高明。

在黄博士高明的引领下，学生越来越放松，越来越活跃，越来越精彩，课堂始终充满浓浓的情趣。

在时下的小学语文研究课中，公开课的虚假常让人诟病，但家常课的枯燥、单调也是事实。黄博士的课有浓浓的家常味，却是不同于家常菜的盛宴。他的课真实自然，充满情趣，却又丰富厚重、意味深长。

黄博士执教的《滥竽充数》，以故事开场，以故事结尾。“故事里有生活，更有对生活的感悟”，是讲故事，更是讲寓言。在有些老师看来，也许这只是一个引入的策略，一个拓展的内容。难以注意到这前后贯穿的“故事”，它是否也在告诉我们一些什么。讲故事即是讲寓言。而故事的形式，故事二字，无疑让孩子们更容易亲近一些。而要求续写的那个寓言故事《三只田鼠》也是很有意味的。第三只田鼠一定不好吗？前两只田鼠虽然衣食不愁，却总是来求第三只田鼠给它们讲故事！

这样一则寓言故事，余味无穷啊！我们需要故事，儿童需要故事。这，岂不是一则精妙绝伦的寓言？

第八课

文字密码

——《伯牙绝弦》课例研究

一、引入

师：对于关系最好的朋友，我们可以用哪些词语来描述？

生：知音。

生：密友。

生：亲密无间。

生：心有灵犀。

师：你们的知识面很宽。有一个词我不理解，两个最好的朋友应当是“知心”，彼此知道对方的心灵，可为什么不称“知心”而叫“知音”呢？有没有谁知道“知音”这个词的来历？如果知道，请用自己的话讲讲这个故事。

生：古时候，有个叫伯牙的人，特别会弹琴。有一天，他在深山里正弹得入迷，忽然来了一个樵夫，他说：“弹得真好呀！我好像看见了高高的山峰。”伯牙又弹了一曲，樵夫赞叹道：“好哇，我好像看到了浩大的海洋。”这个樵夫叫作锺子期。后来，锺子期不幸去世了。伯牙对别人说，这个世界上他再也找不到知音了。于是，挑断了自己的琴弦，摔破了那把琴，一辈子再也没有弹过琴了。

师：非常不错，我们给他一点掌声。如果让你给刚才讲的这个故事取个标题，你觉得取什么好？

生：“伯牙绝弦”。

师：直接用课文的标题，是吗？难道只能用这个标题？有没有不同的想法？

生：就叫“知音的故事”。

生：“知音的来历”。

生：“伯牙与锺子期”。

师：都很好，可见答案永远是丰富多彩的。其实，“知音”这个词到现今已有快3000年的历史了。刚才，这位同学用今天的话讲述了这个故事，你们想不想知道将近3000年前的古人是怎样记载这个故事的？

生（齐）：想。

二、自读

师：我数了一下，如果不计标点的话，这个关于知音的故事，我们的先祖只用了77个字就记下了，并且记得极为生动而曲折。这里面一定藏着很多很多的奥秘，一定有许多表达的密码。让我们一起来探秘。

请大家翻开书，每人先将文章自读一遍。我提两个要求：第一，用小三角形标记难读的字词；第二，对照注释，用小圈圈标记难以理解的字词。

（指名学生朗读，正音）

用多媒体展示：弦（xián） 哉（zāi） 峨（é） 兮（xī） 曰（yuē）

三、导读

师：我们一起看看课文的标题，叫“伯牙绝弦”。这里，“绝”是什么意思？

生：断绝。

师：对，“绝”就是“断”，绝断绝断，这两个字的意思一样。一个字的意思总有它最原始的意义，就像每条河都有它的源头一样。“绝”的最初意思就是“断”。到今天，一些成语中也有这个“绝”

字，比如说："恩断义绝"中的"绝"，"断子绝孙"中的"绝"，都是什么意思？

生：断。

师：很好。学习文言，就是学习最初的文字，就是到文字的源头那里去看看。现在，我想问你们一个常识性问题。凭你的经验，你说是坐在舞台上弹琴更难，还是坐在台下听琴更难？弹琴可以成为一门特长，听琴可不可能成为一门特长？

生：我觉得听琴更难。因为，听琴的时候，要能理解琴声所表达的思想感情。

生：听琴者更难，因为听琴者需要对琴技、琴声非常熟悉。

师（微笑）：都觉得听琴更难呀？今天学校招特长生的时候，弹琴可以成为特长，听琴可以吗？

生：我认为还是弹琴的更难，因为弹奏好一首曲子，需要长时间练习。

生：弹琴不容易，弹一支曲子的时候，演奏者要通过小小的指尖将自己的心声完美地表现出来。

生：我还是认为善听者更难，因为善听者需要很好的感受能力，才能听出琴音里的意境。

师：其实，弹琴与听琴都是一种艺术。我们一起看看课文开头如何写的？齐读第一句："伯牙善鼓琴，锺子期善听。"

（生齐读）

师：这就是近3000年前古人所写的文字，经过了这么长的岁月，我们今天还能懂吗？

（生答能懂）

师：知道为什么吗？这是因为，在文言中，有些字的意义，几千年不变，像这个句子中的"琴""听"，还有"伯牙"与"锺子期"这样的人名；还有些字，意义跟今天的差不多，比如"善"，可以解释为什么?

(生答:善于,擅长。)

师:注意:擅长的“擅”是如何写的。假如文言中全是这样两类字,那我们读文言的感觉与读今天的话没有多大区别。问题是,还有些字的意义,古今差异很大。这就是我们学习文言所要重点关注的。比如这个“鼓”,是什么意思?

(生答弹)

师:今天说“鼓”呢?

(生答打鼓或是另外一种乐器)

师:故事打头一句就说“伯牙善鼓”与“锺子期善听”。注意,在这里,“善鼓”与“善听”是平起平坐的。从后面的文字看,文章是怎样写伯牙“善鼓”与锺子期“善听”的?我们分角色来朗读下面的文字。

(全班男同学与女同学分角色读,交换角色读)

男:伯牙鼓琴,志在高山,锺子期曰:“善哉,峨峨兮若泰山!”

女:志在流水,锺子期曰:“善哉,洋洋兮若江河!”

师:刚才我们说了,学习的重点是那些古今意义变化较大的字词。现在,如果你是小老师,要给同学们提醒学习重点的话,你会提醒哪些地方?

生:“志在高山”中的“志”,这里是“想”的意思,今义是“志向”。

师:有个词语叫“意志”,“意”就是“志”。“志在高山”相当于“意在高山”,就是心里想着高山。

生:“哉”与“兮”都是文言里的语气词,今天都不用了。

师:今天有哪些相应的语气词?

生:啊,呀,哇!

生:我提醒大家“峨峨”是“高”的意思。

师:峨可以组词为“巍峨”,巍与峨都是“高”的意思。

生：我提醒大家朗读的时候要注意，是“峨峨兮若泰山”，“兮”与“峨峨”连在一起，而不是“兮若泰山”。

师：真是好老师，这个提醒相当重要。

生：我提醒“若”是“好像”的意思。

师：有个成语叫“若无其事”，那个“若”是什么意思？

生：也是“好像”的意思。

师：“洋洋”这个词，你们没有提醒。猜猜它是什么意思？

生：宽广。

生：浩荡。

师：“浩荡”更好。我发现一个秘密：这几句都在写锺子期“善听”，好像并没有写伯牙“善鼓”呀？这是为什么？

生：实际上也写了伯牙“善鼓”，因为，锺子期总说“善哉”！

师：“善哉”是什么意思？

生：就是“好啊”的意思。

师：真、善、美，古人将“善”看成最好的标准，叫“止于至善”。你们看电视剧《西游记》里，谁最喜欢念“善哉，善哉”呀？

生：唐僧。

师：如果不是伯牙弹得好，锺子期就不会发出“善哉”的赞叹。这是哪个角度的描写？

生：侧面描写。

生：还有，伯牙想到高山，想到流水的时候，就能用琴声来表达，这当然是“善鼓”。

师：很好。但我们看起来，这里的侧重点依然是在表现锺子期“善听”。其实，如果联系上下文，你会发现，这也是有原因的。为什么要侧重写“善听”？

生：越是写出锺子期“善听”，越是体现他是真正的“知音”。这样写，就为后面写到的“绝弦”举动，做了铺垫。

师：你太厉害了！我非常认同你的观点。不过，伯牙真是如此“善鼓”，锺子期真是如此“善听”吗？我想问：他们是不是只有在弹奏高山、流水这些曲子的时候才能这样心意相通呢？

生：不是。

师：请你在文中找找证据。（指一名未举手的学生）

生：（稍等）“伯牙所念，锺子期必得之”。

师：对。但这里还是藏着问题。请你们讨论：前面都说“志在高山”“志在流水”，这里却说“伯牙所念”。我想将“念”改成“志”，行不行？说说理由。

生：不好。伯牙弹琴弹得特别好，一点点念头，一点点想法，都能通过琴声表达。而这一点点念头，居然都被锺子期感受到了。这更能体现他们是“知音”。

生：“念”是名词，它表达的是伯牙弹琴时所想到的东西；“志”是动词，是伯牙一边弹奏一边想着。

师：你的分析有道理，但“念”在这里，不是名词。

生：“志”好像是一个曲子的主题，而“念”没有那样明确，一个念头，一点念想都可能。子期就像在伯牙肚子里，什么“念”都晓得，都理解。

师：“念”写出了“善鼓”与“善听”的境界。以前，有个同学默写课文时，漏了这个句子中的“必”字，你觉得会有影响吗？

生：有影响。“必”是“必然”“必定”的意思。

生：“必然”说明没有一次意外，伯牙在琴声里表达的，都能被子期理解。

师：理解百分百。是吗？我们一起再次齐读这两句，思考：你发现，锺子期的话有什么特点？

（生齐读）

生：我发现，锺子期的话里都用了“善哉”这个感叹词。

生：锺子期的话都用了“兮”这个语气词。

生：锺子期的话里都有一个像“峨峨”“洋洋”这样的重叠词。

生：锺子期的话是对仗着写的。长短一样，句式差不多。

师：对。刚才说“伯牙所念，锺子期必得之”。真是这样吗？我们一起来试试自己的创意力与表达力。仿照“志在高山”这样的句子，来造句。

课件展示：

志在春风，锺子期曰：“______________________”

志在明月，锺子期曰：“______________________”

（生跃跃欲试）

生：志在春风，柔柔兮若轻抚。

生：志在春风，徐徐兮若微风。

生：志在春风，柔柔兮若母爱。

生：志在明月，朗朗兮若玉盘。

生：志在明月，皎皎兮若玉璧。

师：同学们的创造力相当强！我想问，如果文章只写到这里，那题目能叫“伯牙绝弦”吗？

生：不能。根本还没有写到“绝弦”的事儿。

师：如果不叫“伯牙绝弦”，那可以叫什么呢？

生：“伯牙觅知音”。

师：呵呵，锺子期就在他面前，要“觅”吗？

生：“伯牙遇知音”。

生：“伯牙巧遇知音”。

师：是啊，要是这一对知音永远这样琴瑟和谐就好了。然而，生命总是有限度的，子期死了。你想想，子期死了，伯牙的心情是怎样的？

生：悲痛。

师：不是悲痛，而是极其悲痛。

（指名读最后一句："子期死……终身不复鼓。"）

师："死"字该怎样念？

生：低沉，饱含悲伤。

师：这里有个"谓"，是什么意思？

生：认为。

师："谓"的古今差异很大，在古代它是"对……说"的意思。请圈出句中的"知音"。如果我再问你，"知音"的字面意思是什么？能回答我吗？

生：就是懂得音乐，懂得琴声。

师：懂得琴声就是懂得心声。

师：看看"破琴绝弦"这一句。今天我们说"破琴"是指破烂的琴，这里也是这个意思吗？

生：不是。这里的"破"是个动词。摔破。

师：很好。能想象当时摔琴的情形吗？

生：伯牙摔琴的时候，眼里一定噙着泪水。

生：伯牙摔琴的时候，心里一定很舍不得。

生：伯牙摔琴的时候，他一定有悲伤的叹息。

师：伯牙那么卓越的一个琴师，照理说，一个琴师爱他的琴，就像将军爱他的马一样呀。为什么他舍得让它的弦断掉？你怎样评价"伯牙绝琴"的举动？

生：世上只有锺子期是他的知音，知音死了，他弹琴再也没有意义。因而摔烂琴，挑断琴弦。

生：他弹的曲子无人能欣赏，留着琴没有用。

生：他跟锺子期那么知心，现在锺子期死了，伯牙看着它伤心，不如摔了。

师：你们的理解都很深，观点却都差不多。

生：我觉得伯牙没必要摔琴，他应当在子期死的时候，给他再弹一曲，然后将琴与子期一起埋葬。

生：我觉得伯牙可以借这把琴来表达他对锺子期的思念。

师：你们都非常懂得感情。真不错！

四、拓展

师：文言文，最初没有标点，也不分段的。我们今天学的《伯牙绝弦》，只有一段文字。现在，如果让你来按“回车键”给这些文字分段，哪些地方该敲“回车”？

课件展示：

伯牙善鼓琴，锺子期善听。伯牙鼓琴，志在高山，锺子期曰：“善哉，峨峨兮若泰山！”志在流水，锺子期曰：“善哉，洋洋兮若江河！”伯牙所念，锺子期必得之。子期死，伯牙谓世再无知音，乃破琴绝弦，终身不复鼓。

生：“锺子期善听”之后要分开。这里是“总写”。“必得之”之后要分开，这里具体写了伯牙与锺子期如何心灵相通的。最后，是故事的结局。

师：理解得非常好。相信大家都会认同这个思路。

（生点头）

师：伯牙鼓琴时所想的是高山，是流水，所以高山流水后来亦指知音。伯牙是几千年前的古人，怎样评价他的这种心理？如果换上是一个现代人，一个现代城市人，你说，他可能会“志”在哪里？

生：可能会志在别墅。

生：可能会志在美女。

师：呵呵，你们由此能引发怎样的感想，这个留待课后去思考。

现在，我想让大家做一回“锺子期”。我们一起欣赏一段曲子，看你听了这个曲子之后，能想到哪些场景？

（多媒体播放二胡独奏《赛马》。）

生：我想起过年时那种欢快的氛围，一群人载歌载舞欢庆新年。

生：我想到了竞争，想到了划龙舟，敲锣鼓。

生：我想到的是舞龙灯热闹而欢快的场景。

生：我想到了草原，想到蒙古包，想到马儿的奔跑。

生：我想到了奔跑的马，它们一会儿在竞赛，一会又在休息，准备下一轮冲锋。

师：你告诉我，此前是否听过这支曲子？

生（摇头）：没有。

师（笑）：一定，肯定以及确定？

生：一定，肯定以及确定。

师：那你是了不起的“锺子期”。

五、背诵

结合板书背诵课文。

伯牙绝弦

善鼓

善听　　　峨峨　泰山

　　　　　洋洋　江河　　　所念——必得之

破琴绝弦

不复鼓

六、作业

若将此文改成一篇故事，你会在这个基础上想象哪些情境，描摹哪些细节？

七、名师点评

温暖的古典情怀

——评《伯牙绝弦》的教学

朱爱朝

中国的古诗文中有许多对友情的吟诵。杜甫的“千秋万岁名，寂寞身后事”，是对挚友李白的“将老身反累”的深深不平；李白临江送别孟浩然，直望至“孤帆远影碧空尽”，尚怅望依依。而流水高山，牙琴罢鼓，是友情中的绝唱。

《伯牙绝弦》是人教版课标本六年级上册的第25课，全文77个字，情节生动而曲折，字字蕴含深情。

黄博士执教的这堂课，沿着“善鼓善听——破琴绝弦——不复鼓”的主线，让学生通过朗读、思考、体验、感悟、表达等多种活动，深入阅读文本，使学生在语言、思维、情感、认识等多方面获得了发展。

一、在情感体验中感悟古典情怀

身处商业社会，或许，受“志在美女与别墅”的现代功利思想的影响，学生已经较难理解伯牙“破琴绝弦，终身不复鼓”的举动。教师首先引导学生想象子期死了伯牙摔琴时的情形，通过细节还原情境。学生以情悟情，以心悟心，走进了伯牙的内心世界。在学生的交流与教师的适时点拨中，这份温暖的古典情怀穿越三千年的时空，轻轻地落在学生的心田。而这颗古典的友情种子的生根、发芽，则有待于岁月的酝酿。

二、在自主学习中回到文字的源头

苏霍姆林斯基曾说:“在每一个人的心灵深处，都有一种根深蒂固的需要，那就是希望自己是一个发现者、研究者、探索者。”在这堂课中，学生通过自主发现与探索，回到了文字的源头。

黄博士从课题中的“绝”字入手，让学生感受到“学习文言，就是学习最初的文字，就是到文字的源头那里去看看”。教师引导学生关注文中古今意义变化较大的词语，“如果你是小老师，要给同学们提醒学习重点的话，你会提醒哪些地方？”我们看到，在自主学习中，学生理解了文字，悟出了学习古文的方法，更重要的是感受到了回到文字源头的喜悦。

三、在语言品味中进行深入对话

对“志”和“念”的比较琢磨，对“必”字的品味，对“志在高山”句的仿写，让学生进入到知音之间琴瑟和谐的美好境界。教师设置的这些问题，需要学生深入课文的字里行间，有思考的价值。在高年级的阅读教学中，选择问题的“切入口”非常重要。这节课正是找到了具有阅读价值的切入口，从而引发了教师、学生与文本之间的深入对话。

整堂课自然流畅，如缓缓流淌的小溪，师生一起走进了伯牙、子期的心灵世界，在语言思维的碰撞中，完成了一次难忘的阅读之旅。

第九课

神话之神

——《夸父逐日》《共工怒触不周山》课例研究

一、导入神话

师：有一种感觉叫语感，就是对语言文字的感觉。大家其实都有这种感觉，我们先来试试自己的语言联想力。（教师板书一个“神”字）由这个“神”字，你们能想到哪些与它相关的词语？

（先后有十多个学生提到神秘、神气、神思、神奇、神妙、精神、神仙、神通、神话、神力、神机妙算、神采奕奕、神乎其神、神气活现等）

师：今天，我们将学习两个故事，它们都是特别古老，也特别神奇的故事，我们将这类故事，叫作“神话”。神话出现在人类文明的最初期，是先人们关于世界的想象。你们知道哪些神话故事或神话人物？

生：女娲补天。

生：精卫填海。

生：孙悟空大闹天宫。

……

师：你们的语感力强，知识面也广！很好！今天我们一起学的这篇神话，叫《夸父逐日》。

二、学习《夸父逐日》

（一）整体把握文本

师：《夸父逐日》这个神话故事你们以前应当听过吧？谁能绘声绘色地讲一讲这个故事？

（生讲述故事）

师：你讲的其实是《夸父逐日》的现代版。从先秦到现在，这个故事流传至少有3000多年，你可能无法想象，这个奇妙的故事，最初用文言记录下来的时候只用了37个字——当时还没有标点。37个字，只比一首七言绝句的字数多一点点。如此精短的文字居然浓缩如此精彩的故事，这是不是一种神奇？这是语言的神奇。《夸父逐日》这个神话最先记录在一本叫《山海经》的先秦典籍中，你想想，《山海经》是先秦时代的经典，它会像我们今天的书籍一样吗？

生：不会，那时的书还基本上是竹简。

师：根据书名，你们能猜猜它的内容可能是写哪些方面的吗？

生：可能是地理方面的书。因为书名中出现了“山”“海”这样的字。

师：真是太聪明了！真是这样，这是中国古代很早的一部关于地理方面的书籍，里面收有很多神话。看看今天学的这个故事的标题——“夸父逐日”。夸父，神话人物；跟奔月的嫦娥、闹海的哪吒一样。逐日，就是追逐太阳。先找个同学来朗读故事。

（生读故事，之后正音）

师：别看这则神话只写了37个字，故事有起因，有发展，有结果，曲折而有致。看谁能用最少的字来归纳故事发展的过程。

（在学生发言的基础上，归纳并板书：“走”—渴、饮、死—“化”）

师：汉字是世界上最神奇的文字。即使几千年前的文章，我们今天还能读懂。但是，毕竟隔了那么久，相当多的字义跟今天不一样。你觉得有哪些文言字的含义跟今天出入特别大？

生：今天的“走”，是行走；文言中的“走”，是“跑”。

师：还能举例吗？“三十六计，走为上计”中“走”是什么意思？

生：跑。

生：今天的“河”是“河流”，文言中的“河”即黄河。

师：对！河南，河北，大河上下中的“河”都是“黄河”。

生：“泽”，今天有“沼泽”“润泽”之义，古代是“大湖”。

师：孟浩然有诗：“气蒸云梦泽，波撼岳阳城。”这里的“泽”是什么意思？

生：湖。

师：欲得饮，“得”是什么意思？

生：在这里相当于“能够”。得过且过，“得”也是“能够”的意思。

师：一下就找到这么多古今意义差别大的字词，可见你们的语感力不错。我们齐读这篇神话。

（生齐读故事）

（二）细品文本内涵

师：夸父与日逐走，“入日”。关于“入日”出现过两种解释：一是书上说的追赶到太阳落下的地方，二是将它解释为“进到太阳里面”。第二种解释其实不妥，为什么？能不能结合上下文说点理由？

生：太阳是个密封的圆球，根本进不去。

师：你这是从科学的角度来解释的，能不能结合上下文说？

生：下文提到“未至”，即没有追上太阳。

生：“道渴而死”，半路上就死了，说明最终没有到达。

师：对！太阳是炽热的，又是快速移动的。几千前的古人，肯定都能感觉到这一点。想想啊，那么高的温度，那么快的速度，夸父与太阳赛跑，注定了他要口渴；并且温度那么高，又注定了那不可能是一般的渴。渴了要喝水，那么干渴，注定要喝的水也是多得不可思议。哪些地方写了夸父渴得厉害？

生：饮于河、渭；河、渭不足，北饮大泽。

师（让学生看本册教材最前面关于黄河的彩页）：黄河滔滔，水够多了吧？喝光了依然不够；渭水荡漾，水够多了吧？喝光了依然还不够，还得北饮大泽。这里，我有一个问题，在这个37个字写成的故事中，写夸父口渴喝水就占了16个字。你们说这是为什么？

生：这样写，是为了突出夸父逐日的艰难。

生：为下文写夸父的“死”埋了伏笔。

师：真是太聪明了！从下文看，还有哪些地方也写出了过程艰难？

生：道渴而死。在半路上就死了。

生：弃其杖。说明夸父逐日时一直拄着拐杖。

（课件展示：

渴，欲得饮，饮于河、渭；河、渭不足，饮于大泽。

渴，欲得饮，饮于河、渭；河、渭不足，北饮大泽。）

师：同学们这两个句子有什么不同吗？

生：课文写的是“北饮大泽”而不是“饮于大泽”。

师：第一句连用两个“饮于”似乎语势更足一些。何必用“北饮”？

生：这从侧面说明夸父一直在“逐日”，他始终在追着太阳走。

生：我觉得，“北饮”能显示位置的变化。

师：夸父逐日的结局是“道渴而死”。你觉得先人们对夸父的“死”究竟抱着怎么的感情呢？从哪里看出来的？

生：尊敬。

师：似乎这个词还不足以表达感情。

生：赞扬。

生：崇尚。

生：敬仰。

师：都对。你们是怎样看出来的？

生：从结尾看出来的。结尾写道：“弃其杖，化为邓林。”邓林，即桃林。

师：邓林，今天是个地名，在河南、湖北、安徽交界处。但文中的“邓林”即桃林。据说“弥广数千里焉”，即有数千里的桃林。数千里的桃林都是由夸父手中的拐杖变化而成。这样的结局，给你怎样的感觉？

生：很美丽。

生：很悲壮。

生：很有浪漫色彩。

师：很好！我们带着对夸父的感情，将故事齐读一篇。

（生齐读）

（三）评价神话人物

师：在这个故事里，夸父到底更像一个人，还是更像一个神？哪些是作为人的特点？哪些又是作为神的特点？

生：夸父是一个人，因为他跟人一样会口渴，饮水。

生：夸父是一个人，因为他中途就"死"了。

生：夸父是一个神，因为他追逐太阳。

生：他是神，因为将黄河、渭水的水都喝完了还渴，又想去喝光了大湖的水。

师：这是神话中惯用的想象与夸张笔法。

生：夸父的手杖化为了数千里的桃林，这太神奇了。

师：我在想，夸父为什么不是追一只兔子、一只小鸡，偏偏要去追太阳，这样的故事安排能说明什么问题？

生：太阳带给人类以光明，"追日"就是追求光明。

生：太阳带给人们以温暖，"追日"就是追温暖。

生：太阳每天东升西落，太阳就是时间。"追日"就是"追时间"。

师：时间是构成生命的材料。"追日"是不是也是"追生命"？

三、学习《共工怒触不周山》

（一）问题引入

师：第一则故事暂学到这，等会儿两则都学完，我们再来背诵。默读第二则故事《共工怒触不周山》。

（生默读）

师：这篇神话同样只有两句话，才 46 个字，也不足一首七言律诗的篇幅。这个故事记录在《淮南子》里。《淮南子》，是西汉时期的一部书。你们知道书名的由来吗？

生：这本书由淮南王刘安与其门人编写。这部书里记录了不少神话故事，除了《共工怒触不周山》，还有《女娲补天》《后羿射日》等。

师：请一个同学朗读课文，注意生字的读音。

（正音：颛顼，zhuān xū，神话人物。“顼”别写成了“须”。水潦的“潦”是个多音字，这里读 lǎo。）

师：谁能解释一下这个故事的标题？

生：共工发怒碰撞不周山。“共工”是部落首领，神话人物。触，碰、撞。

师：不周山，昆仑西北。有山而不合，名曰不周。

（课件展示“不周山”）

师：如果我们将标题换成“共工触不周山”有没有影响？为什么？

生：有影响。因为“怒”是一个题眼。

师：那我们看共工为什么“怒”？“怒”到什么程度？“怒”的最后结果是什么？

生：共工“怒”的原因是“争为帝”，争着当天帝。

生：“怒”的程度很厉害。

师：表现在哪里？

生：天柱折，地维绝。

师：天柱何其坚，都折了，都断了，可见是“大怒”。地维绝，维是绳子，绝，也是断。我们学习要善于迁移。比如，折是“断”的意思，还可以举带有“折”的成语为例吗？

生：不折不挠。

生：宁折不弯。

师：绝，也是“断”的意思。还能举含“绝”字的其他词语为例吗？

生：恩断义绝。

生：绝情。

师：“韦编三绝”的中“绝”也是“断”的意思。

（二）问题深究

师：《夸父逐日》中，夸父的性格很突出，很鲜明。在这则神话故事中，“共工”与“颛顼”的性格很鲜明吗？为什么？

生：共工的性格鲜明。文中写出了共工的“怒”。

师：标题中是“怒触不周山”，正文里是“怒而触不周之山”，这有什么区别没有？

生：多了一个“而”字、一个“之”字。

师：这个“而”表什么？

生：表连接关系。

师：对情感表达有作用吗？

生：加了这个“而”字，在“怒”的后面停顿一会儿，有强调“怒”的感觉。

师：共工相对于夸父来说，性格鲜明吗？

生：不够鲜明。

师：为什么人物性格没有那么鲜明呢？因为这篇神话主要还是表

达先人对于中国地形的一种原始想象。从哪里看得出来？

生："天倾西北，故日月星辰移焉；地不满东南，故水潦尘埃归焉。"

师："故"是什么意思？

生：因此。

师：可见，这类神话不是英雄类神话，而是解释性神话。看最后一句"天倾西北，故日月星辰移焉；地不满东南，故水潦尘埃归焉"是什么意思？

生："移"即移动，太阳月亮星星都移动到那里，焉，"那里"；江湖流水与泥沙都归附到那里。

师：解释得很好。再齐读一遍文章，加深印象。

（生齐读故事）

（三）问题讨论

师：太阳每天都东升西落。在先人的空间观念中，天是圆的，笼罩着大地；大地则是方的，有四根柱子撑着，还有绳子系挂着。今天，稍有知识的小学生都知道，地不是方的，地球是圆的。也没有柱子与绳子存在，地球的运动是因为万有引力。在神话中，中国西高东低的地势是因为共工怒触不周山所形成的；而从科学来看，中国地形的成因与共工无关，而与地壳板块的剧烈运动、地表岩石的许多变化有关。在这里，一是神话对世界做出了解释，二是科学对世界做出了解释。你觉得这两种解释有高下之分吗？你更喜欢哪种解释？

生：我喜欢神话提供的解释，因为特别有趣，有想象力。

生：我喜欢神话解释，因为更诗意一些。

生：我喜欢神话解释，因为它更神秘，更有个性。

师：都喜欢神话吗？因为我们今天学了神话就否定了科学呀？

生：我喜欢科学解释。因为它提供的是正确的知识。

生：我喜欢科学解释，它是人类创造性的表现。

师：是的，神话有它的神奇，科学也有它的美丽。神话的诗性思维与科学的逻辑思维都是我们不可或缺的。我们该追求的就是两者的相互融通。我们自由朗读两则神话，准备背诵。

（生读、背两则神话）

师：神话作为一种故事，它有没有很特别的地方？神话是古老的，神奇的，浪漫的，天真的，当然也是一种不朽的美丽。能不能给神话打个比方？

生：神话是一把钥匙，打开一个神奇的世界。

生：神话是一杯奶茶，温暖而香甜。

师：你喜欢喝奶茶，所以有这样的比方。我不喜欢喝奶茶，喜欢喝酒。

生（大笑）：神话是一杯陈年老酒，越久越迷人。

师：都很好！你们还知道世界上哪里的神话故事最多吗？

生：希腊神话。

师：都知道希腊神话中的哪些神？

生：宙斯、赫拉、雅典娜、阿波罗、波塞冬、缪斯……

师：课后，我们可找来中国古代神话与希腊古代神话读一读。神话真是一种神奇的文本。走进它，就是走进一个诗意的世界、神秘的世界。

五、名师点评

回归母语的“神性”与“世俗”

——评《夸父逐日》《共工怒触不周山》教学案例

李维鼎

《湖南教育》倡导“湖湘语文”，从开始的“宣言”到之后的多个“湖湘语文主题策划”，倡导者的不懈追求和成果，给人们留下了深刻印象，也启发着关注者的思考。

作为“湖湘文化”的一部分，“湖湘语文”应该有怎样的内涵？怎样的风貌？经追踪学习和不断寻思，尤其是读了2010年7月中旬的《神话究竟有多“神”》以后，凸现于我脑海的，竟是“诗教”和“本色”。这，可是“湖湘语文”之“神”？

在历史的长河中，语文教学于发展、丰富的同时，也渐渐地被掺杂，甚至被异化。其间的曲折及其滋味人所共知，不必赘述。窃以为，救赎语文教学之路，似乎是回归，回归于“母语”（教学）的“神性”和“世俗性”，这不正与湖湘文化“大气”“务实”“致用”的精神相吻合？

母语的“神性”，其实就是她融汇于世俗生活的，无所不及、无所不包的文化覆盖和精神心理渗透，以及由此而具有的心灵塑造功能，这在民族的优秀文学作品中体现得最生动、最充分。母语的“世俗性”，其实就是她整体性的、诗性的文化精神所浸润的语言文字在世俗生活中的交际使用功能，民族的优秀文学作品则集中了这方面最高的成就。因此，注重于文学教育的语文教学（诗书教化），最有可能将母语的“神性”与“世俗性”相统一，将“无用之‘用’”与“有用之‘用’”相融合，成为最为“本色”的母语教育。“湖湘语文”所倡导的，正是这样的语文吧？

黄耀红神话教学实录似乎可以说就是“本色”语文教学的具体而微，虽然仅限于阅读教学，其理念却是普适的。作为语文教师，只要老老实实地带领学生投入阅读、理解和品味“话”的实践活动之中，帮助学生更有效地咀嚼、感悟“话”中之“神”，并以此反观其“话”，如此这般地螺旋上升，就会是最为本色、有效的语文课。

其实，这是常识。可惜的是，我们的许多理论研究和教学实践，往往不愿或不屑于承认和尊重这样的常识，却醉心于将简单问题复杂化，以显示学问的高深。但“实录”的执教者不这样，他不添油加醋，不卖弄高深，不粉饰打扮，也不穷加分析，不照本宣科，不强塞结论，他只按常识行事：凭“话”（言）悟“神”（意）、以“神”（意）摄“话”（言）。语文教学的“育人”“立人”功能全都显示于“悟”和“摄”的转换过程之中，使课堂教学显得神清气爽。

撮其要，这样的本色语文课：1. 要求教师不是私心显示自己，而是真心为学生，不是为了他们能记诵标准答案以应试，而是有利于他们眼下的生活和未来的发展。2. 要求教师专心教好课文，任何联系、生发、迁移都导源于“本”（话），紧连着“本”，服务于“本”，回归于“本”。3. 这样的过程，就一定是匠心独运地组织、推动学生自己去阅读、去理解、去思考、去表达的体验到实践的过程。4. 这就要求教师甘心做配角，积极地辅助，耐心地扶掖，不喧宾夺主，不揠苗助长，更不越俎代庖。一句话，本色语文需要本分教师谨守本分。结合“实录”，试简言之。

《学记》曾经把教师的职责概括为“长善救失”。作为语文教师，“长善救失”自然必须有语文的个性，那就是侧重于听读说写方面的“长善救失”：学生会的、正确的、优秀的，教师都要肯定，助其发展，并利用“已知”去求“新知”；学生不会的、错的、低级的，哪怕是迹象和趋势，教师都要及时发现，认真对待，及时施教，想方设法助其修正，促其提高。在“学而有友”的情境里，教师对任何个体的“长善”与“救失”，都可以而且应该有效地转化为群体发展的资源。这是老师的本分，真心、专心、匠心和甘心，一个都不能少。黄博士在《夸父逐日》《共工怒触不周山》课堂上所守、所尽的就是这样的“本分”，如此而已，干干净净、清清爽爽，令人记起曹禺笔下的王昭君，“淡淡妆，天然样，就是这样一个汉家姑娘”。

实录中，黄博士多以提出问题的方式，步步引领，环环相扣，始终紧紧抓住识字、解字和写字，始终设法推动着学生以各种不同的方式去读、说和想，始终不忘提醒并指导学生“联系古今”“结合上下文”去思考、比较、体验和评说。这就使得其间的“长”与“救”，无不紧扣着“话”。

由于文学作品的“语言”本身就是“所言”与“如何言”的一体化，其本身就是“美”。所以，紧紧扣住“话”的阅读、理解过程，也就是领悟其“神”的体验、审美过程，始终不曾离开“神”的烛照；或者说，两者始终浑然一体，从未分开，而且多是你中有我、我中有你。这集中体现在执教者的教学策略之中：带领学生始终关注“语言的神奇”。强调37个字（或者“只有两句话，共46个字”），强调“如此精短的文字居然浓缩了如此精彩的故事”，都是在强调一篇文学作品内容与形式的神奇契合。而精彩的故事，“有起因，有发展，有结果，曲折而有致”，便表现为“‘走’—渴、饮、死—‘化’”的情节走向。而在“‘走’—渴、饮、死—‘化’”的提炼中，又揭示出了其间许多让学生发挥、驰骋想象的空间，去再现、创造那独特的情景和形象，从而具体生动地体验、感悟其中的神韵。比如，“弃其杖，化为邓林”，那“数千里的桃林都是由夸父手中的拐杖变化而成”！多么美丽温暖的生动画面，多么震撼人心的悲壮颂歌。原来，先人们对于光明、温暖、幸福和生命（价值）不懈追求的精神，虽然天真、幼稚，却凝聚成、并照耀着前面的30个字，透露出对于追求中的坚毅、苦难、献身的理解和礼赞！这不正是因为“语言”而具有审美“间接性”的文学审美的神奇与美丽吗？在执教者的组织引导下，学生就是这样从认字、朗读“话”（文本）开始，进入了对于神话作品的审美体验。这样的阅读教学，才是阅读、审美的一体化。

审美，本质上是情感的、生命的，因而必定是个性化的，它的最大杀手，就是千篇一律的理性分析，就是抹杀差异的一刀切。执教者深谙此理。古今词义可以辨析，题眼应该关注，语势需要体味，因为事关“所言”和“如何言”，“神”就潜藏其间，是进入审美和具体审美的枢纽。但是，对于夸父是人还是神，为什么要去追太阳，你喜欢神话的解释还是科学的解释，等等，学生只要有了感觉，有了体会，有了言说，就可以了。对“弃其杖，化为邓林”的“感觉”，是“很壮美”，还是“很悲壮”“很有浪漫色彩”，执教者同样没有下一个标准结论。执教者要的是“你自己从文本阅读中得出的东西”，这才是最为重要的指导思想和策略。执教者只应在引发、点拨和调整等方面发力、做功，不煞风景，不帮倒忙。这不是执教者对于“本分”——“长善救失”的坚守？

这就是适可而止吧。如此“适可而止”，还表现在执教者屡屡放弃能够显示课堂教学有深广度、教师能旁征博引的“机会”，拒绝使用花样繁多的“课件”，也使课堂教学不枝不蔓，清爽干净。至于是否都是止于当止，当然可以通过研讨，以期做得更好。比如，在多元表达的情势下，教师还可以指导学生进一步依凭着“话”为自己的体验、理解、感悟（“神”）做出辩护，使阅读审美得以更加深入、扎实。但是，执教者在学生的体验、审美面前所持有的那份谦卑，则是难能可贵的清醒和明智，尤其在今天。

写到这里，忽又想起鲁迅在《作文秘诀》中对“白描”所做的说明：“‘白描’却并没有秘诀。如果要说有，也不过是和障眼法反一调：有真意，去粉饰，少做作，勿卖弄而已。”这，大概也就是我们的湖湘语文——本色语文的“秘诀”吧。

第十课

言语生长

——《那片绿绿的爬山虎》课例研究

第一课时

一、故事重讲

师：初听标题的时候，我甚至还有个错觉，以为“爬山虎”是一种“老虎”。但很快，我发现这个想法不对。知道为什么吗？

生：标题里有“那片”，而老虎是一只一只的。

师，很好！这是第一个理由。

生：老虎不可能是“绿色”的。

师：非常好。还有没有理由呢？

生：老虎都是生活在山林的，没有必要将老虎叫“爬山虎”。

师：我们遇到一个问题的时候，联系前后去想，就会有很多新的发现。这篇文章，其实是写了作者的一段经历，那段经历发生在他 15 岁那年。现在我们来假设一下：假设我是你老爸，我问你，这个故事写了什么？注意现在是“早上”，“我马上要上班去了”。请用最简单的话告诉我。

生：这个故事写的是 15 岁那年，肖复兴同学去叶老先生家拜访的一段经历。

师：嗯，不错。讲得很短，但这个故事的发展好像经历了两个阶段啊。

生：作者肖复兴同学写了一篇作文，老师推荐他获了奖，然后叶圣陶老先生帮他修改，叶圣陶先生很喜欢他，邀请他去家里做客。

师：哦，你比刚才这位同学讲得更全面。

生：叶圣陶先生邀请肖复兴去做客，他看到了一片绿绿的爬山虎。

师：这个故事里，有两个阶段。如果我们用简单的话来说，是不是这样子？

（板书：修改作文——请去做客）

二、文字发现

师：我们读读文章，看一看“叶老帮我修改作文”的这段经历或这个过程。把书翻到第130页。这就是当年叶圣陶先生帮“我”改过的稿纸。现在，我们4个人为一个小组，讨论：细细比较原稿与修改之后的稿子，看看你发现哪些地方修改过了？想想为什么要这样修改？请每组至少举两个例子来说一说改得怎么样？

（学生4人一组讨论）

生：他把“一张画像”，改成了“一幅画像”，“一张”照片可以，“一张”画像就不好。

师：画是一幅一幅的。改后量词更加准确。你发现了这一点，还理解了其中的原因，太了不起了！还有没有其他新的发现啊？

生：还有一个长句子，叶老先生改得很好。

师：叶老先生怎么改的？你还没说啊，你找到地方了。下面这个长句子，我们来读一读原文。

（生齐读：那站在门口，手里拿着大三角板和大圆规的王老师，就是我们的新班主任。）

师：改了以后是这样的。再读一读。

（生齐读：王老师，我们的新班主任，站在教室门口，手里拿着大三角板和大圆规。）

师：比较之后，你们发现两个句子有什么区别吗？

生：“那站在门口，手里拿着大三角板和大圆规的王老师……”这句话读起来费劲。改之后的句子，被切成了几个短短的句子。

师：你太能发现了！学会将长句改成短句，这可能是我们作文的一个“魔咒”。

生：“怎么你把包几何课本的书皮去掉了呢？”这一句被叶老先生改成“怎么你把几何课本的包书纸去掉了呢？”删掉原句中“包”这个动词，使句子干净了，也规范了。

生：“书皮”改成了“包书纸”更确切，因为书皮可以认为是书的封面。

师：这一轮讨论中，你们很善于发现。愿意再试试吗？我再问问：课后所附的这一页修改过的稿纸上，是不是把肖复兴当时写的作文全貌都展示出来了？一定要找依据哦。

生：没有展示完。我发现，课文里有一句，“怎么你把包几何课本的书皮去掉了呢？”被叶老先生改成“怎么你把几何课本的包书纸去掉了呢？”作文稿子上并没有这一句。

师：其实还有证据，你们找得到吗？我看谁最聪明，要往下面再看一看。

生：叶老先生在“我”的作文后面写了一则简短的评语。

师：评语怎么写的啊？

生：这一篇作文全是具体事实，从具体事实中透露出对王老师的敬爱。

师：那我们这个修改稿里面写了这几个事实没有？

生：没有！

师：没有写，说明这里根本没显示完，只是选了其中的一页给我们看看。好，发现能力的第二关闯过了，非常好！第三关，你们愿不愿意来闯？

生们：愿意！

师：到现在，我心里一直悬着一个很大的疑问，课文的题目叫“那片绿绿的爬山虎”，怎么写了5段了，还没有提到“爬山虎”呢？对于这一点，你们有意见吗？

生：题目是“那片绿绿的爬山虎”，可是到这里说的只是“一幅画像”，写了这么多，却没有说到“爬山虎”。

师：你是有意见的对吧？

生：是的。

生：我没有意见。这篇课文有10段，这里写了5段，后面几段都写到了爬山虎。

师：作文不是说点题要快一点吗？怎么还不“点题”呢？我想听听你们的意见。

生：后面5段和前面5段是因果关系。因为前面有叶老先生帮肖复兴修改作文，才有了后面叶老先生请他去家里做客这件事。后面肖复兴同学去叶老先生家做客的时候，就看见了那片绿绿的爬山虎。

生：叶圣陶先生写过一篇《爬山虎的脚》，他肯定是在那片爬山虎前仔细观察了，才写出了这篇文章。从这位作家改文章写起，本身就吸引人。

三、体验追问

师：假设文中的“我”就是“你”。现在，“你”被叶老先生邀请去做客，那你脑子里肯定有好多好多疑问，好多好多想法。就“做客”这件事情，你能提出多少个问题？

生：叶老先生为什么要邀请我去他家做客？

生：请我去叶老先生家做客，他会跟我说些什么？

生：叶老先生家是什么样的？

生：叶老先生长什么样子？

生：叶老先生有没有长白头发？

生：叶老先生有没有儿子和女儿？

师：这一次被邀请去做客，一定是充满期待的，到底会发生什么呢？

第二课时

一、文字积累

师：现在，请同学们自由阅读课文的第 6 至第 9 段，读的时候，把描写爬山虎的句子用波浪线画出来。

（生自由读，画句子）

师：回想上节课我们的那些猜测，这几段写了叶老先生的样子吗？

生：没有。

师：写了老先生家的陈设、家居吗？

生：没有。

师：写了他们说了什么话吗？

生：也没有。

师：怎么都不写啊？当然也可能写了，课文底下有一行小字：本文作者肖复兴，选入课本时有改动。改动，意味着原文有些地方删除了、修改了。那这里，写得最多的是什么？

生：写得最多的是爬山虎。

师：你找到了哪些描写爬山虎的句子？注意是句子。

（依次指名回答，生朗读）

师：请女生来柔和地读一读第一次写爬山虎的句子。

（女生读）

师：女生入情入境，读得真好！男生肯定也很棒，请你们读第二处写爬山虎的句子。这两段话真美，同学们多读读，试着记一记。

（生读、背）

二、文字妙悟

师：叶老家里有一片绿绿的爬山虎，要让人们知道，除了写文章，还有别的什么方法吗？

生：口头描述出来。

生：把爬山虎画出来。

生：用相机拍下来。

生：用手机拍下来，再发一条微博。

师：我们一起读读第一次描写爬山虎的这些句子。想想如果是用手机来拍，爬山虎的样子、颜色可以拍出来，哪些东西是拍不出来的？

（生读第一处写爬山虎的句子）

师：对照文字，哪些是拍不下来的呢？

生："夏日的燥热仿佛一下子减去了许多"，这拍不出来。

师：为什么呢？

生：这是感受。

生："阳光变成绿色的了"，这也拍不出来。

师：为什么阳光成了"绿色"？

生：因为他写了一墙绿葱葱的爬山虎，他就夸张地写阳光都成了绿色的了。

师：这感觉是肖复兴同学的。如果有的同学看到蓝蓝的大海，那阳光就成了"蓝色"的了。是不是这样？

生：还有"温柔的小精灵"也拍不出来。

师：为什么？

生：这是他的幻想。

生：这是他的想象。

生：这是肖复兴同学第一次看到爬山虎后的想象，拍不出来的。

师：那我们看看第二处描写爬山虎的句子，又有哪些是拍不出来的？

生："爬山虎如同一片浓浓的湖水，映在客厅的玻璃上"，这样的想象，拍不出来。

师：那“不停地摇曳”拍得出来吗？

生：拍不出来。

师：照片是静态的，拍不出动态来。

生：“显得虎虎有生气”，这也是拍不出来的。

师：我们来概括一下，哪些能拍出来哪些不好拍？

生：照片能拍出它的外形、样子，拍不出它的神态；照片能拍出实实在在的具体事物，但拍不出我们头脑中所想的。

师：所以啊，平时孩子们要多看书少看电视，因为电视里有好多东西是无法展现出来的，文字的奇妙正在这里。

三、情景比较

师：同一片爬山虎，又是同一个人来写，怎么会写出“不同”呢？

生：一是下午，一是黄昏，时间不同，爬山虎不同。

生：时间不一样，太阳的光线不一样，反映在爬山虎上，它的颜色也不一样。

生：第一次是写爬山虎的茂盛葱郁，背后也暗示着作者的心情很好。

生：心态不一样，第一次是满怀期待，后来是和叶老先生聊完天后心情更好了。

师：是的，开始时期待，后来有些敬仰。光线不同了，视角也不同了，“见到之前”和“见到之后”也不同了。大家看看——阳光都变成绿色的了，像温柔的小精灵一样在上面跳跃着，闪烁着迷离的光点。“小精灵”给人的感觉怎样？

生：很活泼、很可爱、很温柔。

师：这正是他当时的心情，心情在阳光中。后面写的那一墙爬山虎绿得沉郁，他打了一个比方，说像湖水，湖水给你什么感觉啊？

生：平静、清澈、深邃。

师：他的心情，又在湖水中。

四、文学精神

（板书：两面并列的墙——一面光秃秃的墙，一面长满了葱葱茏茏的爬山虎的墙）

师：假设爬山虎不只是爬山虎，我们把它比喻成童话、寓言一样的文学作品，比喻为整个文学。那么，有文学的世界就好比是右边这面墙，没有文学就是左边这面墙。说说，右边这面绿油油的墙给你们什么感觉？

生：很舒服。

师：把舒服的感觉再具体一点。

生：一片叶子就代表一个字，很多叶子就代表了很多个字。

生：长满爬山虎的墙好像一片绿色的海洋。

生：没有文学的墙很简朴，有文学的那面墙就让我们觉得生活多姿多彩。

师：因为文学的存在，而让我们整个社会有希望、有温暖、有生机，给我们一种神清气爽的感觉。难怪作者到叶圣陶家里去做客，给他印象最深的就是那片绿绿的爬山虎。

（生齐读课文最后一段："在我的眼前……"）

师：这个句子有深意。为什么在作者的眼里，爬山虎总是绿的？

生：爬山虎可能会枯萎，但文学不会。

师：为什么它总是绿色的呢？

生：文学永无止境，也不会老。

生：叶圣陶先生的精神也永远不会老。

师：为什么永远不会老？

生：他的心不会老。

师：他的心永远不会老，就像文学永远不会老一样。

五、自我剖析

为了唤起学生的体验

——我为什么这样教《那片绿绿的爬山虎》

黄耀红

《那片绿绿的爬山虎》是作家肖复兴先生的一篇回忆散文，文中所忆乃半个世纪前，他作为中学生时与叶圣陶先生的一段文学情缘。对一个出生在21世纪的学生来说，文本世界呈现的那一切，多少有点遥远与陌生感。

文本的生命性，意味着它不是那封闭、自足的“城堡”，而是开放、生长的“原野”。再神秘的“城堡”，只是让人“知道”那里有什么，它指向“已知”；而“原野”再寻常，它会让你不断“发现”，看见生命的偶然与开阔，它指向“未知”。文本之于生命，在于读者不断赋予它意义，在于文本永远是一个“召唤空间”。从这一点出发，《那片绿绿的爬山虎》本身在情节安排、结构处理、修辞或章法上的种种“成功”，可能都还不是触动学生们生命成长的那些“节点”。倘若学生的兴趣不在此，它就不可能成为课堂的出发点。

那什么才是生长的起点呢？不是逻辑，不是知识，而是学生的经验。正如杜威所言，教育即生活，即经验的生长。因此，如何实现生活体验与文本阅读的彼此融通，如何从文本里读到生活的智慧，又从生活的智慧里读到文本的精神，最终让文本与童年之间产生生命的“互文”？这正是我教学《那片绿绿的爬山虎》的起点，这种思想的主旨就是：如何实现学生“经验之生长”。

经验生长，意味着教学的过程始终会自觉地去唤醒学生的生活经验与生命体验。

为什么一开始故意说误以为“爬山虎”是老虎？为什么让学生

以给“老爸”复述的方式来重讲文本内容？为什么让学生将作家想象为“我”，对第一次去叶家提出种种生命的好奇？为什么要让学生比较手机拍照与文字描写的短长，为什么让他们意识到照片之局限与文字之精妙？为什么比较“有爬山虎的墙”与“没有爬山虎的墙”之不同，为什么要思考文学之于生活的意义？

体验的成长性，决定了课堂的成长性；生命的丰富与开放，决定了课堂的丰富与开放。从经验生长出发，教学不再是拘于文本逻辑的“亦步亦趋”，而是基于生命经验的“雪球滚动”。这样的教学过程，不再是基于预设的线性提问与答问，而是激活生命好奇与探索的问题探求与过程展示。

文本是生命，那是符号性生命；课堂是生命，那是精神与言语的往来。学生是生命，教学的根本意义在于促进学生之生命走向丰盈、走向深刻、走向更多的可能性。从“生长”二字来说，教师作为平等中的首席，其价值在于不断将学生的经验引向新的空间、提供新的可能。为什么同样一片“爬山虎”，描写的文字是不同的？爬山虎之于“墙”，与文学之于生活之间是一种怎样的联系？爬山虎与文学家的精神之间有什么关系？诸如此类问题的探寻，其旨就在于让学生不只是在既有的经验世界里浅度重复，而是让学生因为这节课的存在，不断发现，不断提升，不断顿悟，最终让他们的生命不断敞开。学生，终会因文学的领悟而变得敏感而细腻、柔软而多情，丰富而微妙。如是，则学生的生命因文学课堂、因语文教育而寻觅到一片主能、启智、怡情与审美的芳林。

第十一课

学会质疑

——《我最好的老师》课例研究

一、谈话导读

师：在家里，有爸爸妈妈和亲人陪伴我们。在学校里，陪伴我们的是老师。我们先一起聊一聊，在你的心目中，你觉得最好的老师应该是怎样的？我看谁说得最有自己的想法，既跟别人不同，又说得很有道理。

生：我心目中最好的老师，他的教学质量应当很好。

生：我心目中的老师是这样子的：他能教给我们知识，我们也能将所学的知识教给他。

师：嗯，教学相长，彼此学习。

生：我心目中的老师非常幽默，非常有个性。

生：我心目中的老师，上课很严厉，下课却可以跟我们一起玩。

师：上课和下课不一样。老师既是我们的老师，又是我们的朋友。非常不错！

生：我心目中的老师是非常有爱心的，他能够帮助每一位成绩不好或者是成绩好的学生。

师：我也很赞同你的观点，最好的老师最有爱心。大家都谈得很不错。这是大家的理想，希望我们的老师都这样。我在想，一个老师在课堂上说的知识，一般都是正确的。对吗？

生（齐声）：对！

师：如果有这样一位老师，他在课堂上所说的知识都是错误的，你觉得这样的老师还有没有可能成为好老师，甚至是最好的老师？你先告诉我，有没有可能，然后说说你的理由。

生：有可能。因为这可能是这位老师用最独特的方法教学生。

师：他讲的是错的啊！你能原谅他的错？

生：对。

师：为什么要原谅他的错？

生：因为，不一定都是老师的错。也许同学没有提出疑问。所以，我觉得他是好老师。

师：他错了，但是同学们没有提出疑问来，责任还不在老师。你说出了一定的道理，还有没有更好的道理，后面那个男同学你说。

生：我觉得他是个好老师，因为他有独特的教学方式。就像我们的生活，不思考的话就等于吃了饭不消化。

师：这个比方打得很好啊，向你学习！

生：我认为他还是个好老师，因为失败是成功之母，人总是会失败的。

师：出错是出错，得看老师是怎么样出错的，对吗？

生：我觉得老师可能是故意出错。

生：我觉得，老师想让我们在学习的时候具有怀疑能力和分析能力。

师：他是故意犯一个错误，让你们懂得这一个道理，对吗？

生：对。

师：非常不错。你们是不是在课前都看过我今天讲的课文了，是吗？

生：没有。

师：那更加不错。

（经过这一段聊天，同学们的思维变得非常活跃）

二、评价人物，质疑问题

师：现在，请同学们翻开课本第 114 页。把课文的题目读一遍，看看大家读得怎么样。

（生读课文题目“我最好的老师”）

师：下面，同学们自己把课文看一遍。注意两点：第一个要求是把笔拿着，你发现课文里面好的成语，就在它的下面画一条波浪线；有不认识的字，也在下面做一个记号。第二个要求是看了课文以后，你有什么疑问，请你等会向我提出来。这两个要求都记得吗？

生：记得。

师：我还想加一个要求，想想：题目叫“我最好的老师”，我想将“我”字去掉，就成为“最好的老师”，你觉得可以吗？注意啊，一标词语，二提问题，三想我提出的问题。

1. 学生自读

（生带着要求默读课文）

（板书：出乎意料　侃侃而谈______　目瞪口呆　糊弄______）

师：大家看下黑板上的词语都是成语吗？前面三个是。先找个同学，给那两个加点的字注上拼音。谁愿意来做这个事？

（指名学生上台注音）

师：非常好，大家一起读一读，每个词语读两遍。

（生读词语）

师：特别注意“糊”这个字，它永远都读糊（hù）吗？

生：不是。

师：有时候读什么？后面那个女生你说说。

生：读糊（hú），糊涂。

2. 质疑问难

师：现在我想问第二个问题。你们刚刚读过课文以后，有没有问题想问老师的？学习是从问题开始的，我看谁的问题提得最好。

生：老师，我这里读不懂："怀特森先生让我还有我的同学明白了一个这样的道理：不要迷信书本，也不要迷信权威。"

师：为什么不懂，哪里不懂？

生：也不要迷信权威。

师：你觉得应该迷信权威？

生：不是的，我觉得小学怎么会有权威？

师：小学怎么会有权威？不错。权威在哪里？

生：那个老师就是同学们的权威，老师要同学们做什么，同学们就应该会做。

师：这是你的答问，很好！现在还有没有要提问的？

生：为什么是"出人意料"？

师：你看得很仔细。

生：文章最后提到，作者又告诉给他的朋友。他的朋友也认为不对，可是他在这里为什么认为老师是对的？为什么从以前的不接受到现在又觉得老师的观点是正确的？

师：这个问题提得很好。她读书读得特别仔细，把前后都联系在一起看。发现了有矛盾。

生：我觉得课文的第 4 段写到的内容跟后面有矛盾。

师：怎么理解这个矛盾？大家都记住他们提到的问题。

生：学生不可能不写答案，为什么还是得个零分？

师：呵呵，没有了功劳也有苦劳，你是这样想的吧？

生：……他说从来没有出现过这种动物……那为什么他知道这种在夜间出现，而且已经绝种的动物呢？

师：是啊，读得非常仔细。要是你在怀特森的课堂上就好了。

生：我回答她的问题，因为这是他故意编出来的，想给学生一次教训。

三、反馈交流

师："故意"就说明背后有目的，有一时看不到的目的。怀特森"故意"这样做，到底是为什么？刚才同学们读得非常仔细，读书就应该像这样带着问题，带着问号去与书本对话。我发现，同学们有非常好的学习习惯，彼此不但能够提问还能够相互释疑，学习就是这么一个交流的过程。这些问题当然都要解答。能不能允许我把你们提及的问题放到讲课过程中去，是和同学们一起来解答，不是等我来解答？现在，可不可以回答我刚刚讲的那个问题，我的那个问题也是我读书的时候产生的一个疑问。我觉得"我最好的老师"好像不需要"我"字，就是"最好的老师"，你们觉得有意见吗？谁来说服我，最有力地说服我。

生：我觉得把"我"去掉不行的。如果是"最好的老师"，有的人的看法有不同。他觉得这个老师好，有的人觉得这个老师教学的方法一点用处都没有。就觉得这个老师是个坏老师。

师：这个老师好不好是带有个人色彩的，每个人的感觉是不一样的，你们能不能结合课文告诉我？

生：课文中写到作者把怀特森先生的方法介绍给他的一个朋友，他的朋友却说这个老师怎么能这么糊弄你们？就证明他的朋友不认为怀特森是好老师。

师：非常好，你的说法非常有说服力。文章的最后告诉我们，不是每个人都能这样看待怀特森先生。

生：我觉得把"我"去掉的话，那么最好的老师就包括了很多老师。如果加上"我"的话，单单指的是怀特森一个老师。

师：最好的老师可以有无数个，"我最好的老师"只有一个，那是独特的。

生：我觉得最好的老师应该也有很多同学喜欢他，所以可以去掉“我”。

师：哦，你觉得“我最好的老师”可以去掉“我”，是吧？非常欣赏你。怀特森又不是我一个人最好的老师，全班同学都认为他是最好的老师。真不错，大家都这样说的时候，你坚持自己的看法，我觉得你以后会很有出息。

生：我觉得课文的第 6 段和第 7 段里面说了：“怀特森先生让我还有我的同学明白了一个重要的道理：不要迷信书本也不要迷信权威。”但是，他没有告诉他的朋友这一句，所以我觉得“我”最好的老师是必要的。

师：这叫作“公说公有理，婆说婆有理”。

生：我觉得不应该去掉“我”，因为去掉了“我”的话，那意味着别人也喜欢。问题是，如果别人不喜欢这个老师，而是别的老师呢？作者喜欢那个老师，才加上“我”。

生：我认为不应该去掉“我”，因为他们的老师是很有个性的人，不但教学方法是独特的，而且他教育同学们的方法也是很独特的，别人不认为他是一个很好的老师，所以不能去掉“我”。

师：你是“集大成”，前面讲过的你把它们都归纳了。还有其他意见吗？

生：我觉得可以删去“我”，因为怀特森是教作者班的，作者班同学也都很喜欢这个老师，而我读了这篇课文后，我也慢慢喜欢这个老师了，我觉得可以相信他是“我”最好的老师。

师：如果你读了以后，你也最喜欢这个老师，那题目叫“我最好的老师”，这个“我”就变成了“你”，不一定是作者，对吗？

生：是的，我就是这样想的。

师：大家注意没有，我们的讨论有两种不同意见，每种意见都有它的合理性，我们不要苛求一个答案，这个过程，思考问题的过程是最重要的。好，现在我们来认真学习这一篇文章，先找一位同学把第1段朗读一遍。

四、导读

1. 引读

师：读这一段的时候我请同学们把其中的一个句子勾画一下，就是这句“常常有出人意料的举动”，把这句话勾画出来，待会儿我要提问。我找个同学读这一段，找个没有举手的。

（生读第1段）

师：很不错，我相信这是你读得最好的一次。刚才让你们看了这一段，其实这一堂课的过程，把整个教学过程都写完了。他是怎么上课的？这个过程有什么出人意料的啊？根本就没有写出人意料的事情嘛。既然他没有写出人意料的事情，那我想把这个“出人意料”删掉，可不可以？

生：不可以。

师：告诉我理由。里面没写“出人意料”，干吗要用“出人意料”这个词？

生：我觉得不可以删掉，因为如果是前面没有写，而写在后面了呢？

师：嗯，可能写在后面了。你觉得“出人意料”是什么意思？

生：应该是非常惊讶，意想不到。

师：有哪些地方意想不到呢？

生：在第2段，“当他把卷子发下来的时候，我惊得目瞪口呆，在我写的答案后面，竟然都画上了一个刺眼的红叉叉，我得的是零分，可这不公平。”

师：好了，这是第一个出人意料的地方：“我”得了零分。那谁能够归纳第二个出人意料呢？

生：我是接着她后面讲的，“吃惊的是，我们都得了零分。”

师：这是第二个出人意料的地方：一个人得了零分“出人意料”，全班都得零分更加“出人意料”。还有更出人意料的事吗？全班都打零分，这老师不感到惭愧啊？

生：第3段：“事情很简单。关于猫猬兽的一切，都是我信口胡编的。这种动物从来就没有存在过。”

师：老师的表现有什么出人意料的吗？

生：在115页第5段：“他说，每一个人都应该具有独立思考和独立判断事物真伪的能力，同时也应该具有怀疑的能力”。

师：我们都被打零分，老师还不理会了，真是神奇了。最后有个“出人意料”是什么？同学们往后面找一找看，最后的那个男同学你说。

生：“怀特森先生的每一堂课对我来说都是一次历险。到现在为止，我还能清楚地回忆起几堂科学常识课的细节来。”。

师：那不是写这一堂课了，是写以后若干堂课了，关于这个成绩，他有一个“出人意料”的做法。

生：“我要把这次测验的成绩全部登载在你们的成绩册上。”

师：哦，成绩打零分，他要记到我们的成绩单里面，就是这个学期的成绩，大家注意，我们找出了至少四个“出人意料”，我得了零分——全班得了零分——老师还不在乎——最后还把成绩登在了成绩册上。你们从这四个“出人意料”中读出了它们是什么关系啊？出人意料的程度是一步一步加大的，这样写文章有什么好？就好像悬念一样的，它被不断往前面推。同学们说得非常好，这几个“出人意料”是为下文做什么的啊？

生：做铺垫的。

2. 反驳

师：做铺垫，埋伏笔。嗯，非常好。现在请你们来反驳我。反驳我的第一个问题：一个老师，在第一堂课上肯定不能把错误的知识传授给学生，而怀特森偏偏把全部是错误的知识传授给学生，传授了错误的知识就是误人子弟，他误人子弟。反驳时，要联系课文的内容，要用课文的内容来告诉我他是不是误人子弟。

生：不是，他是想要我们从他的话语中得到真正的理解。

生："他说，每个人都要有独立思考和独立判断事情真伪的能力，同时也应该具有怀疑的能力。"

生："怀特森先生让我还有我的同学明白了一个重要的道理：不要迷信书本，也不要迷信权威。"

师：这又是说什么呢？

生：怀特森先生想用课堂的"反思想"教给我们人生的道理。

师：什么思想？

生：反思想。

师："反思想"这个词蛮有意思啊，反思想就是故意从反面说吗？就是讲他这个错是有意犯的吗？

生：是，故意犯的。

师："故意"的背后肯定有一个理由，刚才很多同学都找到了一个句子，即怀特森要告诉我们的一个道理。

生：怀特森老师想告诉同学们一个道理：一个人不能人云亦云，不能迷信权威。

师：很好，你还用到一个词叫"人云亦云"，就是别人怎么说你也怎么说。第一轮的反驳非常有效，说明你们明白了怀特森的苦衷。他这个苦衷是全部为了你们好，而不是为了这堂课的成绩好；他是为了我们将来从事科学研究更好。那哪个目的大一些，哪个目的小一些呢？

生：他的目的是希望我们从这篇文章中吸取教训，不要让自己脑子睡大觉，一旦发现问题就应该提出来。

师：我问你，我们的脑子要不要睡大觉？

生：要，不要。

师：你晚上不睡觉啊？要不要睡大觉啊？

生：要。

生：我所指的睡大觉是指精神上的。你的脑子睡大觉了，说明你不去独立思考，就像一坨铁，放久了会生锈的。

师：不要让脑子睡大觉，这是一个形象的比喻，很好。第二个反驳开始了：一个课堂上的老师，永远都在表扬学生、激励学生，这样的老师好不好？

生：好。

师：在这节课上我没看见怀特森表扬学生一次，他老是在“责备”学生。我觉得这不是一个好老师，请你反驳一下。

生：没有规定老师在课堂上一定要表扬学生。怀特森这样做的目的是使我们明白“不要迷信书本，不要迷信权威”这个道理。

师：他怎么不鼓励我们？

生：科学课对我们来说就成了一种冒险，怀特森先生总是想方设法来让我们接受他的挑战，为了驳倒他的貌似正确的论点，我们常常会在课后花好几个小时甚至几天的时间去思考和论证。

师：就是说从此以后改变了我们对科学课的看法。他要求我们要独立思考，这只是科学课的一个出发点，并不是说他的课从此结束了。这只是个开头，就像写文章一样，才写了第一页。

生：我认为批评也是一种鼓励，他是要同学们改变自己，改变迷信书本、迷信权威的看法，老师教的是让同学们学会怀疑的精神。

师：很好，你特别懂事。知道批评也是一种鼓励，很有哲学思想。

我想知道，那怀特森先生知不知道很多孩子都迷信书本？

生（齐）：知道。

师：这种惯性的力量大不大？

生（齐）：大。

师：如此这样，他就必须想一个特别的办法才能让学生记住这样一个道理，以至于他这节课偏偏不鼓励学生。他以后的课都不鼓励学生吗？

生（齐）：没有。

生：我觉得平常被老师点起名来都会被表扬，而这样一节课都被批评的话，会让我们对这个新老师产生疑惑。

师：你还是觉得他这个做法不妥，是吧？

生：是的。但从人性化来讲，他这样做，对我们还是有好处的。

师：理智上可以接受，感情上不能接受，是吧？你将来也会有出息的，我们说这样，你还想说那样，我喜欢这种说“那样”的。

生：我觉得如果老师老是表扬的话，他就会停止不前；如果批评的话，他反倒会不服气，然后越来越向前发展。

师：“鼓励”，你就会停滞不前啊？那我今天鼓励你们这么多啊。那倒不一定，这个观点我有点不赞成啊。

生：我觉得如果老是表扬的话，表扬就会泛滥。如果这节课老是批评的话，我就会很伤心。

师：泛滥，表扬也就变得廉价了。我发现同学们都好有思想。

生：我觉得批评过多的话，同学们就没有自信。

师：批评过多又没有自信了，那同学们认为怀特森的做法也不是绝对的好，是吧？还是要有自己独立见解。

生：我觉得我们要像小猴子一样，自己学会独立，不要最后在猴子妈妈的怀里窒息而死。

3. 品味

师：谢谢你！我们一起来把怀特森讲的“每一个人都应该具有……”这句话读一遍。

（生齐读：每一个人都应该具有独立思考和独立判断事物真伪的能力，同时也应该具有怀疑的能力。师板书：独立）

师：你们发现有什么问题吗？这个句子里面连续用了两次“独立”：独立思考和独立判断事物真伪的能力。我觉得这个地方写得啰唆，改成“具有独立思考和判断事物真伪的能力”也可以，多写一个“独立”，有什么用意吗？

生：如果去掉了“独立”的话，就是可以很多人在一起思考和判断；如果没有去掉的话，就是一个人在那里判断和思考。

师：思考和判断都应该是独立的。

生（齐）：对！

生：有些事情，一个人是完不成的，我们可以去跟别人一起思考；但如果一个人完得成，就应该自己完成，独立思考。

生：我觉得不应该删去“独立”。因为这里他强调了两次，说明要敢于怀疑不要轻易相信别人的话。

师：写两次是为了强调“独立”很重要！比如说，我们应该独立生活，独立学习，独立交朋友，连用三个“独立”都是强调。是不是啊？

生：我认为“独立判断事物的真伪能力”也可以把那个“独立”删掉，因为没有一件事情是靠一个人可以做出来的，只有更多的人在一起，更多的人思考同一个问题，把他们的意见全部合起来，才能得到一个针对具体事件的方案。

师：你又发了点不同的声音。独立，对个人来讲是要独立，但是个人与个人之间就需要有合作了，那是另外一层意思。但是这篇文章用意，不在于教你们合作。

生：我认为可以删掉“独立”，因为思考可以几个人一起讨论；但是“独立判断事物的真伪的能力”我觉得不要删掉才好，要心存疑虑去看待事物，才有可能将事物看完整、看全面。前面一个“独立”，我认为可以删掉。

师：前面一个可以删，后面一个不能删。想得很细致。联系这堂课讲，为什么全班都打了0分？原因在哪里？

生：就是我们没有独立思考。

师：哦，对！不是一个人没有独立思考，是所有人都没有“独立”，所以反复讲就是要独立思考、还要独立判断。

生：我想反驳。他说可以删去一个“独立”，我觉得“独立思考”也不用删掉“独立”呀，如果你老是要听取别人的意见，不自己思考的话，你永远都没有自己的想法。

师：非常好。现在大家都学会了反驳，我很喜欢你们反驳。

生：我觉得如果说是自己独立思考的话，那肯定要独立判断；如果不是独立思考的话那被别人误导了怎么办呢？

师：独立思考以后，还要独立判断。这是两个过程。比如说，有一个人开始想到了，说不定这个骨头是有点假，他独立思考，但是最后他还是随大流。判断的时候，他随了大流，大家都是这么讲，我也这么讲，判断的独立失去了。同学们理解得非常好。我们看看这个怀特森，我觉得太有意思了。他明知全是假的，居然还“侃侃而谈”。你说人只有什么时候才侃侃而谈，好紧张的时候可以“侃侃而谈”吗？

生（摇头）：不可以。

师：我明知道自己在说谎，还可以侃侃而谈吗？

生：不可以。

师：怀特森是在说一个谎，他为什么还可以“侃侃而谈”呢？

生：因为他知道自己是在教育学生，他很自信。

生：他说的是一个善意的谎言，是为同学们好的，所以才“侃侃而谈”。

师：我觉得这是个特殊的谎言。他是有意来说一个这样的谎言。

生：我认为他“侃侃而谈”是为了让学生更相信猫猬兽这种动物存在过。

师：哦，那是打掩护吧！越是侃侃而谈，你们越是相信。要是脸上的表情很不自然的话，大家都怀疑了。是吧？那就是存心要骗你。

生：他如果不侃侃而谈的话，就有可能会有学生反驳他。因为一般学生都很相信老师，老师讲得越真实，他们就越相信，即使是假的他们也觉得是真的了。

生：“侃侃而谈”就是要他们学会独立思考和判断。

师：他越“侃侃而谈”，独立判断的这个难度就越大。非常好！现在我们看看，怀特森用这样一种方法，给我们上了这样一堂课。结果如何呢？我们来把下面这个自然段读一遍。

（生齐读：从此，科学课对于我们来说就成了一种“冒险”。怀特森先生总是想方设法让我们来接受他的挑战。有时，为了驳倒他的一个貌似正确的“论点”，我们常常会在课后花好几个小时甚至几天的时间去思考和论证。然而，正是在一个个饶有趣味又充满刺激的过程中，我们逐渐增长了见识，也逐渐懂得了如何去接近真理。）

师：大家注意看，“从此，科学课对我们来说就成了一种……”

生：冒险。

4. 体验

师：谁能告诉我，生活中，你冒过什么险？你觉得有哪些东西最冒险？

生：针头，打针的那个针。

师：打针那个是冒险吗？可能吧。

生：过马路是在冒险。

师：担心车子撞过来了！

生：我在电视里看到一些恐怖片，然后在公园里去探险鬼屋的时候，一个骷髅头就出来，吓死我了。

师：那是冒险。还有冒险吗？

生：在玩游戏的时候，刺激，冒险！

师：冒险岛吗？

生：对，一进去就被抓了。

生：还有一次，我和我姐姐去公园的时候，到鬼屋森林里面去玩，我们两个刚走进去，突然有个“鬼”从上面掉下来。

师（张牙舞爪）：哇！

生：我觉得是有时候一个人晚上回家，冒险。

师：怕鬼吗？

生：不是的，我怕坏人。

生：我觉得坐车的时候也冒险。

师：坐飞机更冒险一些。

（生笑）

生：我觉得冒险就是去玩蹦极。

师：蹦极，太冒险了！挑战极限！

生：晚上我在家睡觉的时候，我把窗帘拉上，门关上，灯关上，屋里漆黑一片。

师：漆黑一片，也是冒险啊？那是漆黑的冒险吧！

生：有一次回家，刚好我爸爸妈妈不回来，我一个人在家，吓得我不轻。

师：我现在问你，“冒险”如此恐怖，如此危险，有冒险的机会你们愿不愿意去？

生（齐）：愿意。

师：为什么还愿意去？因为冒险的过程？你是一种什么样的心理体验？

生：心理就是有滋味，然后就是还带点刺激的感觉。

师：带点刺激，有滋味，有滋味就是有趣吧？有趣，还充满刺激。这就是冒险。文中说课堂跟“冒险”一样，你说这个课堂是一个什么样的课堂？你给一个词，是什么样的课堂。

生：具有挑战性的课堂。

生：心惊肉跳的课堂。

师：那不是屠场吗！

生：生怕出错的课堂。

师：提心吊胆啊！

生：紧张刺激的。

师：一个老师把他的课堂搞得如此惊心动魄！你们看，总是要来接受他的挑战，我们不再是成为一个记笔记的学习者，而是成为一个挑战者，冒险家，多好啊！老师的作业根本不用说，你们一定要完成啊，一定要完成，他讲了一个貌似正确的论点，结果让你们怎么样啊？几个小时、几天都在思考，那还要“减负”吗？都是你们自己愿意去干的。“正是在一个个饶有趣味又充满刺激的过程中，我们逐渐增长了见识，也逐渐懂得了如何去接近真理。”请大家把两个“逐渐”画出来，前面不是有两个“独立”（独立思考，独立判断）吗？现在这里又来了两个“逐渐”，“逐渐”是什么意思啊？

生：慢慢地。

师：用在这里，告诉我们什么？

生：我们应该不断地锻炼自己。

师：怀特森是不是一节课就解决全部问题了？

生（齐）：不是。

师：哦！慢慢地，那就是你看到的是一个“点”，实际上他展示的是一个“面”。

生：我认为他的冒险是越来越难的。

师：逐渐，就是由低到高。非常好！

生：去挑战一件事情，不是一下子就可以完成的，是慢慢地。

师：学一个成语，叫一蹴而就，他不可能一蹴而就，是要慢慢地。

生：我想打个比方，他说“逐渐”的话，就像我们吃的东西在身体里面消化。这也是要慢慢、慢慢地在身体里面经过消化，才能得到营养。

师：讲得很好。要像牛吃草一样的，要反刍。你们看过牛吃草吧？

生：看过！

师：逐渐，再反刍。逐渐的结果是“如何去接近真理”。问题来了：应该是获得真理啊，走进去获得真理啊？怎么是接近真理呢？接近真理说明还没有得到真理。什么是接近真理？这要挑战一下你的理解力。有没有人告诉我？

生：他没有获得真理，不过他是马上就要获得了。

师：有没有获得的那一天？

生：有。

生：真理没有那么容易获得，要慢慢来获得。

生：就是怀特森先生每天要想方设法让我们接受挑战，让我们自己去独立思考这个问题，而不是怀特森一下子告诉我们什么。

师：很有思想！不是怀特森告诉你真理在哪，而是我们自己去接近真理，就像爬山一样。

生：真理诞生在100个问号之后，要逐渐打破那个问号，然后获得真理。

师：像个诗人一样！真理诞生在100个问号之后，100个问号之后就是真理吗？

生（齐）：不一定！

师：世界上有没有绝对的真理？

生：没有！

师：你怎么知道没有啊？

生：一只蝴蝶要从茧里面破茧出来，要经过很多挫折，然而我们就是那只蝴蝶，我们要经过很多挫折才能出来，就算你出来了，还不一定能见到太阳。

师：又来了一个诗人！

师：当年那个苹果落到牛顿的脑袋上面，他就发现了万有引力。有引力存在，我们以为这就是真理，是吗？但是这个真理到此打住了吗？

生（齐）：没有。

师：另外一个科学家爱因斯坦，他发现了相对论，他刷新了引力理论，这说明真理是怎么样的？

生（齐）：不断探索的。

师：是探索的，还是因为真理具有怎么样的特点？

生：我想说一下真理：它等于观察然后加上思考，再加上猜想，再加上判断，再加上慢慢地挖掘。

师：非常不错，真理没有"底"。没有底，永远都在探索的过程中间。它没有获得的那一瞬间，它永远只有探索的整个过程，人类从遥远的过去到今天，是不是到此停止了？

生：不是。

师：还要往前走。也不要迷信权威。有的同学问，对于学生来讲，哪些东西是权威？

生（齐）：老师。

生：对于学生来讲是老师，如果对于老师来讲肯定是校长。

（生笑）

师：校长如果迷信权威，就会怎么样？我们反过来讲。

生：我觉得迷信权威就只会在原地踏步，不会向前进。

师：非常好，如果迷信权威我们就会原地踏步。

生：如果迷信权威的话，就没一点进步，而且反而会退步。

师：不是原地踏步，反而是退步。比刚才那位同学的理解更进一步。

生：迷信权威的话就永远得不到真理。

师：永远得不到真理。得到的都是什么？有可能是谬论。因为老师不一定对，校长也不一定对。

生：既然权威不一定对，书本也不一定对，那我们就只能靠自己去挖掘真理。

（全班鼓掌）

师：从来就没有救世主，只有我们自己。你来讲讲相信权威的后果是什么？

生：如果相信权威的话，老师的学位如果是硕士，那更高一级的就是博士，你把硕士的学问全部传给学生，但是还有博士的知识没有传给他。

师（反问）：我现在是博士，你觉得那要相信我吗？

生（摇摇头）：不能，因为学无止境。

师：谢谢你！看来呀，你们真的是学懂了，深刻地理解了怀特森先生，请注意，课文的最后写到一个朋友的话，同学提问的时候问了，“我”是随意写的吗？这是漫不经心写下来的吗？

生：我觉得在这里可以看出作者对怀特森先生的赞扬。

师（追问）：赞扬就赞扬，作者非要写朋友干吗？

（学生探讨）

生：朋友没有上怀特森先生的课，而“我”却是怀特森先生的学生，所以对比起来就不一样。

师：对比起来不一样，非常好！

生：这样更加突出“我”对怀特森先生的敬佩。

师（追问）：为什么是更加突出？他换了一个角度，就像拍照似的，这个照片是从哪个角度拍的？

生：侧面。

师：“我”是正面，朋友就是侧面。

生：朋友的这句话不是随意写的，因为这样不仅突出作者对怀特森先生的敬佩，也突出了文章的标题——“我最好的老师”。

生：因为他想让朋友明白这个道理，不要迷信书本也不要迷信权威。

师：请坐下，大家都知道朋友的话是作者故意写的，从一个侧面反衬出这个老师非常有个性，这种个性一般人还不能够理解，但是我们身在其中就特别能够理解。我们把课文写神态的那句画出并记下来——“我看着他的眼睛”，你说，人只有在什么情况下才会看着别人的眼睛？

生：肯定以及确定的时候。

师：深信不疑的时候。

生：对自己非常有信心的时候。

生：朋友说错话，你替他纠正的时候。

生：这句话绝对是从心底发出来的时候。

师：眼睛是心灵的窗户。两个人很喜欢对方的时候，他肯定是对着对方的眼睛说：我好喜欢你的。

（全班笑）

生：如果让我看着别人的眼睛说话，我一定看着我最尊敬的人的眼睛和我最感激的人的眼睛。

师（创设情境）：爸爸今天生日，你看着他的眼睛说……

生（深情地）：看着他的眼睛说：“爸爸，生日快乐！”

师：谢谢！请坐下！文章最后写道："不，你的看法错了。"如果再加一句"怀特森先生是对的"，有必要吗？

生（齐）：没有。

师（追问）：加上行不行？有没有问题？

生（议论）：行，没有问题。

生：如果没有多加这一句，我们要去思考。

师：写文章不要把所有的意思全部表达出来，要善于留一个空白的地方，让别人去思考，就像我们拍照片一样，拍个风景照如果太拥挤的话，照片肯定不好看，是吗？

生：对！我认为是画蛇添足。"不，你的看法是错的。"已经表达了怀特森先生是对的。

师：这样，还有一种余音绕梁的感觉。

五、比较

（比较阅读《新来的王老师》）

师：我请同学们翻到后面一篇课文叫《新来的王老师》，翻到131页。哦，忘了。在此之前，我让大家猜一猜，怀特森是哪个国家的人？

（生议论纷纷）

生：外国人，因为他不是在中国的学校。

师：肯定对，但这个"对"没有用。

生：我觉得应该是日本人，因为日本的动画片里有很多怪兽，课文中是"猫猬兽"，所以我觉得是日本人。

师：日本人的名字后面一般带了什么"子"之类的，但是他叫怀特森。

生：我觉得是美国人，因为美国教育特别先进，特别会教育孩子如何去学习，给学生很大的自由空间。

生：是中国人，我看他的穿着和样子是中国人。

师：中国人有姓“怀”的吗？

生：英国人，因为黑板上写的都是英文。

生：美国人，因为只有美国人才有黄头发。

生：美国人在日本教学。

师：你们的猜测都有道理，还有没有人认为他是中国人？

（有一个学生举手）

师：你们都是爱国主义者。我认为其他国家都有可能，就是中国没有可能。

生：有可能是混血儿。

师：硬想跟中国沾了点边。不要泄气，新来的王老师她不是外国人，她是中国人。这个故事如果我要你们用最快的速度看，你们多长时间可以看完？

生：一分钟。

师：好，一分钟。你们如果看完了，请注意《新来的王老师》里有个孩子是个差生，那个差生很不自信，王老师为了鼓励他，就给了他一个差生档案，请注意看差生档案（打开课件）在131页。同学们，这节课有没有效果，就看从这个差生档案里，你们看过之后会提出哪些问题。

（学生阅读文本前面三条）

师：你们有独立思考和独立判断的能力，对于三个这样的例子，你们得出的结论是什么？看谁的看法最独到、最特别？

生：我的看法是，只要你有自信，什么事都做得成。

师：这是从学生的角度讲的。

生：我觉得刚才那位同学讲得也对！贝多芬他成为世界著名的音乐家，而老师说他绝对不是当作曲家的料，我觉得他心里在想：老师说我不是当作曲家的料，我一定要当个作曲家。

师：还是要有志气！

生：一个人总有缺点。

师：这是对人的评价，有没有更加新颖的观点告诉我？

生：这三个（例子）里面都写了老师，就是告诉我们，不要迷信老师，老师说一定不行，但是我们不要相信。我们可以努力呀！我们不要迷信。

师：这里都说到了老师，非常好，她比你们有进步了。

生：贝多芬拉小提琴时，他的老师说他绝不是当作曲家的料，我觉得是老师不负责任，既然家里聘请了他当老师，就应该尽量负责地去教他，而不是贬他，让他自卑，必须得鼓励他或者是像怀特森先生那样。

师：非常好！你开始不满这个老师了，至少贝多芬的老师不合格。

生：我觉得我们也不应该迷信老师，就算我们失败也要在失败中找到原因。下一次就要把它做好。

生：天才不是从小养成的。

生：我们不应该绝对相信老师的话，天才源于坚持不懈的努力；有缺点坚持把它改正，坚持做到最好，不一定老师说我是什么我就一定是什么，我的人生是由自己改变的。

师：对！人生是要自己写的，不是老师写的。那我问你，达尔文的老师、贝多芬的老师、爱迪生的老师都是好老师吗？

生：是。因为，他们可能是在激励自己的学生。

师：都赞成他的观点吗？

生：我觉得是好的，如果我是贝多芬，我成功了，我还要感谢我的老师，就是他的那番话，激起了我心中的那把火。

师：有性格！

生：他说那位老师是好老师，激励了他心中的那把火。我觉得老师说这样的话，会让学生自卑，偶然会激起心中那把火。

师：更多的可能是把火扑灭了，有没有可能？

生（齐）：有。

生：我想反驳上一位同学的话，我觉得他是好老师，他跟怀特森先生一样的。如果依着他（学生）的说法，学生只会越来越笨。

师：你们想不想知道我的观点。

生（齐）：想。

师：我代表权威吗？

生：不代表。

生：我认为他们是坏老师，因为对学生说实话其实是打击学生。

生：我认为，虽然这个老师是好老师，但是老师批评学生有两种结果，第一种是使他完全失去了信心，第二种是使他又燃起了信心。

师：你概括得非常好，对于小孩子来说很容易失去信心。

生：从中我想起了一个故事，有个孩子在读幼儿园时，老师开家长会告诉家长，你的孩子管不住自己，一分钟都坐不到凳子上，非常好动。家长回去告诉儿子，老师说你在幼儿园表现非常好，非常棒；以后孩子的每次成绩都不是很好，妈妈就激励他，后面他考上了好的大学。

师：老师不是一个好老师，妈妈是一个好妈妈。妈妈更是一个教育专家。是这样吗？要问我，我不喜欢这几个老师，因为他们不像怀特森一样是“故意”的，而是实实在在的，怎么这么多的大师大人物小时候都被老师看成是这样呢？说明这个老师有眼光吗？

生（齐）：没有。

六、写诗

师：我觉得他们没有眼光，反衬之下我们更加觉得怀特森的可贵，所以今天我想给大家留个作业，我想请大家写一首诗——《致怀特森》，把你心中对他的感觉写下来，做得到吗？写好了以后明天给老师看，写得最好的就在杂志上发表。今天我们上课时间长了一些，你们觉得累吗？

生（精神饱满）：不累！

师：今天的课程就上到这里，谢谢大家！

七、名师点评

此一课，此一人

——评《我最好的老师》的教学

帅晓梅

课品如人品。

品课即品人。

在我眼里，黄耀红，是个有着多重定义的人。最普通的，是他杂志编审、记者的身份。“黄耀红”三个字的其他定义还包括教育学博士、公共知识分子、执着的教育行者以及拥有众多女粉丝的帅哥、才子。而他最具标志性的、最深刻、最荣耀的定义还是“湖湘语文”的倡导者和践行者。他跟怀特森先生一样“常常有出人意料的举动”。他出人意料地一次次走进中小学课堂，以一个农夫的姿态躬耕田畴；他出人意料地高擎起“湖湘语文”的旗帜，以一个文化先锋的姿态奔走呼号。他仰望星空，他也脚踏实地；他理性，他也激情；他谦和，他也强悍。

而此时，这样一个智者和行者，在《我最好的老师》的教学场景中又给了“最好的老师”一些怎样的定义呢？

一、独特的文本解读

任何一篇文本都有其独特的育人价值，从文本中能读出什么，取决于谁来读？怎样来读？《我最好的老师》语言平易，行文朴实，并无“文似看山喜不平”的跌宕起伏、优美深邃。但黄博士却以他对语言文字天然的敏锐，捕捉出作品中习焉不察之处，从看似平常处读出不平常，从人之所见处见人之所未见，继而把自己的文本解读功力转化为学生对语言表达方式的敏感度和思考力。

比如，他从“我最好的老师”的“我”中读出了个中意味，于是点燃这根“引线”，由此引发了一场“头脑风暴”。

师：现在，可不可以回答我刚刚讲的那个问题，我的那个问题也是我读书的时候产生的一个疑问。我觉得“我最好的老师”好像不需要“我”字，就是“最好的老师”，你们觉得有意见吗？谁来说服我，最有力地说服我。

比如，他从文中的一个“出人意料”读出“怀特森先生”的四个“出人意料”的举动，并且从这四个“出人意料”中读出了它们之间的关系，读出了这样写的妙处。

师：既然他没有写出人意料的事情，那我想把这个“出人意料”删掉，可不可以？

生：不可以。

师：告诉我理由。里面没写“出人意料”，干吗要用“出人意料”这个词？

……

师：大家注意，我们找出了至少四个“出人意料”，我得了零分—全班得了零分—老师还不在乎—最后还把成绩登在了成绩册上。你们从这四个“出人意料”中读出了它们是什么关系啊？出人意料的程度是一步一步加大的，这样写文章有什么好处？就好像悬念一样的，它被不断往前面推。同学们说得非常好，这几个“出人意料”是为下文做什么的啊？

生：做铺垫的。

师：做铺垫，埋伏笔。嗯，非常好。

再比如接下来的片段：

师：你们发现有什么问题吗？这个句子里面连续用了两次“独立”：独立思考和独立判断真伪的能力。我觉得这个地方写得啰唆，改成“具有独立思考和判断事物真伪的能力”也可以，多写一个“独立”，有什么用意吗？

师：“正是在一个个饶有趣味又充满刺激的过程中，我们逐渐增长了见识，也逐渐懂得了如何去接近真理。”请大家把两个“逐渐”划出来，前面不是有两个“独立”吗？现在这里又来了两个“逐渐”，“逐渐”是什么意思啊？

上述片段中教师引导学生对两个“独立”和两个“逐渐”进行探究性阅读，将阅读的方法和思考的路径寓于发现文本意义和语言特点的过程中，这个探究“点”的确立凭借的是教师解读文本时的一双慧眼。

对文本最后一段的解读也具有典型的“黄氏风格”。

师：请注意，课文的最后写到一个朋友的话，同学提问的时候问了，“我”是随意写的吗？这是漫不经心写下来的吗？

师：大家都知道写朋友是故意写的，从一个侧面反衬出这个老师非常有个性，这种个性一般人还不能够理解，但是我们身在其中就特别能够理解。

这些内容让学生体会侧面反衬的写法。

师：文章最后写道：“不，你的看法错了。”如果再加一句“怀特森先生是对的”有必要吗？

师：写文章不要把所有的意思全部表达出来，要善于留一个空白的地方，让别人去思考，就像我们拍照片一样，拍个风景照如果太拥挤的话，照片肯定不好看，是吗？

师：这样还有一种余音绕梁的感觉。

这些内容让学生体会“留白”的妙处。

观课至此，黄博士研读文本的功力恐怕唯叶圣陶先生的“一字未宜忽，语语悟其神”方能一语中的吧。

二、开放的课堂生长

观黄老师的课与读黄博士的文字显然是两种截然不同的感受。

读其文，顿觉文采灼灼，令人炫目。可谓“文采”与“神采”齐飞，“诗性”共“灵性”一色。

观其课，则自然平实，不事雕琢；循循善诱，引而不发。起承转合间没有刻意为之的精致工整，字字珠玑，滴水不漏；有的只是俯下身子，与学生平等对话，这种对话更多具有“聊”的色彩，在看似轻松愉悦的“聊”的背后，却是对学生思维的深层引领与推动，使学生在且聊且思间经历了“质疑—交流—反驳—品味—体验—比较”的过程。在这个过程中，教师充当着“争论的诱发者”的角色，而学生角色则从单纯的“听者”“答者”的规定角色，转而成为“问者”“论者”“思者”，黄老师成功地使师生共同成为文本语言意义和精神内涵的开掘者。

他始终激励学生充分表达自己的观点。比如对“侃侃而谈“的解读，比如对“冒险“的体验。

他倡导过程比结果更重要。他说：“我们的讨论有两个不同的结果，每种结果都有它的合理性，我们不要苛求一个答案，这个过程，思考问题的过程是最重要的。”

于是，教师俯身的姿态，平等的对话、安全的氛围、开放的课堂催生出了一个个小诗人、小哲人，不妨来听听：

生：我所指的睡大觉是指精神上的。你的脑子睡大觉了，说明你不去独立思考，就像一堆铁，放久了会生锈的。

生：我认为批评也是一种鼓励，他是要同学们改变自己，改变迷信书本，迷信权威的看法。老师这么教，是让同学们学会怀疑的精神。

生：我想打个比方，他说“逐渐”的话，就像我们吃的东西在身体里面消化。这也是要慢慢、慢慢地在身体里面经过消化，才能得到营养。

生：真理诞生在100个问号之后，要逐渐打破那个问号，然后才能接近真理。

生：一只蝴蝶要从茧里面破茧出来，要经过很多挫折，我们就是那只蝴蝶，我们要经过很多挫折才能出来。

谁能说这不是学问的生长、思维的生长、个性的生长呢？

三、深刻的思维启迪

时下的语文课堂多为“感悟型”的课堂，以感性、感受、感情为基本取向的教学绝对占上风，导致理解、理性、理智缺席。时下的语文课堂还多为“趋同式”的课堂，无论是老师还是学生，思维方式、话语系统都高度趋同，同一种视角、同一种面孔、同一种声音，学生不会提问、没有质疑、无力反驳、奢谈批判。有的只是附和、逢迎和盲从。而在此一课堂中，思维方式的引领强势介入，让整个教学过程充满“审视”“探究”“质疑”“发现”“判断”“反驳”和“批判”。

1. 在品读中鼓励学生发现问题，培养思维的深刻性。

师：现在我想问第二个问题。你们刚刚读过课文以后，有没有问题想问老师的？学习是从问问题开始的，我看谁的问题提得最好。

2. 在评价中倡导学生求同存异，激发思维的独创性。

师：真不错，大家都这样说的时候，你坚持自己的看法，我觉得你以后会很有出息。

师：我们说这样，你还想说那样，我喜欢这种说“那样”的。

师：你们有独立思考和独立判断的能力，对于三个这样的例子，我们得出的结论是什么？看谁的看法最独到、最特别？

师：这是对人的评价，有没有更加新颖的观点告诉我？

3. 在反驳中引导学生推理探究，培养思维的批判性。

师：现在请你们来反驳我。反驳我的第一个问题：一个老师，在第一堂课上肯定不能把错误的知识传授给学生，而怀特森偏偏把全部是错误的知识传授给学生，传授了错误的知识就是误人子弟，他误人子弟。反驳时，要联系课文的内容，要用课文的内容来告诉我他是不是误人子弟。

师：第二个反驳开始了：一个课堂上的老师，永远都在表扬学生、激励学生，这样的老师好不好？

师：在这节课上我没看见怀特森表扬学生一次，他老是在“责备”学生。我觉得这不是一个好老师，请你反驳一下。

……

师：非常好。现在大家都学会了反驳，我很喜欢你们反驳。

就这样，学生在真实的思维情境中发现逻辑的意义，体验批判的价值，感受思维的力量，在对“最好的老师”的定义中完成了质疑、思辨、批判性思维的启蒙。我想这样的启蒙一定是基于对“人”的“独立之人格，自由之精神”这一生命成长的需要，是真正的基于“人”的教育。这是黄博士的这堂课给予我们的最可贵、最有益的启示。

从这个意义上说，他，也是“我最好的老师”。

第十二课

放飞想象

——《星空下的美丽想象》课例研究

一、引入

师：我是第一次到海门。看到海门的孩子，特别高兴。得知这一次来海门，我就在想：海门是不是离海很近？如果是这样，空气里一定有海风的温暖与湿润；如果在海边，一定可以看见像白马一样奔腾的波浪，看到水天相接处的漫天云彩，还有扑扇着翅膀的洁白海鸥。这样的情境很美，是吗？你们看，我虽然没有来过海门，心里却早就有了一个海门。你说，我心中的海门是怎么来的？

生：想象。

师：其实，想象是我们与生俱来的本能，每个人都可以想象的。大家一定不要小看了想象，不要以为它只是有助于我们的习作。你信不信，想象可以让我们拥有一个世界。眼前的这个世界叫现实世界，因为想象，我们还拥有一个奇妙的想象世界。跟你们第一次见面，大家还不太知道我。我介绍一下自己。我的名字叫——黄耀红（同时板书）。看到我的名字后，你的第一感觉是什么？请说实话。

生：老师是个书法家。

师：你是说我的字写得不错。谢谢。还有吗？

生：你的名字，让我想到了红色的太阳，特别美。

师：非常好！你由名字展开了想象。

生：从你的名字里感觉你特别有灵气。

师：为什么有灵气？谢谢你，这么会鼓励人。

生：老师，你的世界一定是五彩缤纷的，因为有黄和红两种色彩。

师：你很善于发现。确实，老师的名字里有两种颜色。我问你，你们由黄与红这两个字，能想到什么样的自然景色或画面？

生：我想到了月亮当空。

师：月亮什么时候是黄色的了？在你的诗境里是黄的，对吗？

生：我想到了夕阳西下的景象。夕阳在山边，还有余晖，染红了天边。

生：我想到了秋天的田野上涌起的金黄稻浪。

生：黄色，让我想到了春天的油菜花，大片大片的，很灿烂。

师：你的想象里不仅有颜色，还有花的芬芳。那红色呢？

生：红色的有月季花，玫瑰花。远远看去这些玫瑰，像火一样红。

师：玫瑰是很多情的哪！我的名字用了四十多年，今天才知它如此具有诗情画意！

生：我仿佛看见了秋天红色的枫林，树叶如同小巴掌一样，向我们招手。

生：红色还让我想到了春节的时候，红对联，红灯笼，红包，一片红色。

师：红，让你想到了传统文化节日里那种喜庆的气氛。大家的发言太精彩了！你看呀，我只写了简单的三个字，你们就想象出这么美丽的情境与画面。这是想象的神奇之处！其实，我的名字很普通。大家的名字，都可以想象出更美的画面。回去之后，我们试试看，说给爸爸妈妈听。

二、看谁想得“多”

接下来，我想问问大家：你对什么事物特别有想象的兴趣，什么时候最能引起你的想象？

生：我在看书的时候，最喜欢想象。

师：一边读，一边想，很好的习惯。

生：十五的月亮，最能引起我的想象。因为月亮圆圆的，很美。

古人也喜欢写月亮。

师：在特定的时刻，美丽的时刻喜欢想象。

生：夜晚的时候最能引起我的想象。

师：又是一个特殊的时间，因为很安静。

生：我喜欢想象夜空，因为很神秘。

师：对未知的东西，往往引起我们的想象，对吗？今天，我们就来提供一个情景——星空下。怎么想象？想象些什么？一起看看。

（板书：星空下的美丽想象）

刚才有个同学说，他最喜欢在璀璨的夜空下想象。你们看看这幅画，这是夜空里的场景。你想想，画面上有很多是你看见的，也有你还没有见到的。有的是发光的，有的是有声音；有些是安静的，有些是活动的；有些是永恒的，有些是稍纵即逝的；有些是人物，有些是故事……在这神秘美丽的夜空下，你想到了什么呢？请拿出笔，把你所想到的，变成一个词语，写在你的本子上，第一轮比拼的是：看谁想得“多”。

（生写）

师：你如果想到了嫦娥，你就写嫦娥；如果你想到了桂花，那就写桂花。嗯，大家的思维很不错，敏捷，丰富。当然，也要注意观察画面上的全部内容。写完之后，同桌间相互交流。看看彼此都想到了什么。

（生示意写完）

师：现在，我们一起交流，看看谁想得“多”？

（板书：想得“多”）

生：银河、嫦娥、玉兔。

师：不错，都是神话的内容。注意内容不要跟前面的重复。

生：吴刚。

生：小星星、滑梯、星座。

生：慈祥的月亮奶奶、飘浮不定的精灵。

师：你怎么知道月亮是慈祥的？

生：画面上的月亮是拟人的，看得到它的眼睛与鼻子，像慈祥的奶奶。

师：你观察很细致呀！

生：牛郎织女、闪烁金光的装饰品。

生：女孩、刷月亮。

生：星星像钻石挂在那，想到描述星空的许多词语。

生：月亮像摇篮、小宝宝在睡觉、摘月亮。

师：星星像钻石挂着？因为画面上有线存在。想想，那都是谁挂上去的？再者，怎么没人关心画面上的那个小姑娘？

生：我觉得这些星星都是人们挂的，因为每颗星星都是一个心愿。

生：星星掉进了银河里，嫦娥在月亮小船上荡秋千。

生：我在想，那个小姑娘是怎么上到月亮上去的？那一定是月光变成了软梯吧。她在上面捉星星，她正对着星星许愿。

师：再次证实了海门的孩子真会想象！你们是全世界最有想象力的孩子。

三、看谁想得"新"

师：想象，其实并不是从我们才开始的，我们的前人都有想象。我在想，如果每个人见到月亮就想着团圆，见到星星就想到眼睛。一代又一代，想的都是一个样子，那是不是很乏味？所以啊，光想得"多"还不行，还要想得"新"，想得与众不同。如何"新"呢？也许终其一生我们都要面对这个问题。现在，我只是教给大家一个方法，先学会打一个新颖的比喻，然后沿着比喻往前飞。下面，看谁能给"月亮"打一个比较新颖的比方？告诉你，给月亮设喻，先想出三个比喻，前面两个都不用，请用第三个比喻。因为，你一下想到的，很可能也是别人想过的。

（板书：想得新）

生：弯弯的月亮像一根香蕉。

师：不错，至少大诗人李白还没有这么想过。

生：月亮像大饼。

师：既然是大饼，肯定有味道吧？

生：月亮像个大盘子。

师：这是个什么样的盘子呢？与一般的盘子有啥不一样？再细想想。

生：月亮像个摇篮。

师：我发现，为月亮找个比喻并不太难。难的是出新意。请想到比喻之后，接着往下说，沿着比喻往前飞，才可能赋予新意。

生：月亮像个钩子，可以去钓鱼。

师：对。钓什么鱼呢？

生：月亮像地球的保镖，时刻绕着地球转。

师：能有这样的保镖太好了，真正形影不离。

生：月亮像个母亲，无微不至地照顾着星星。

师：是母亲，就懂照顾。大家都知道如何沿着比喻继续往前“走”了。我们一起看一首关于月亮的诗。

课件展示：

弯弯的月儿/小小的船/小小的船儿两头尖/我在小小的船里坐/只看见闪闪的星星蓝蓝的天

师：知道这是谁写的吗？是你们江苏人叶圣陶。你猜猜，他写这首诗的时候是多大年纪？

生：60多岁。因为他有一颗不老的童心。

生：80多岁，因为人越老越怀念过去。

师：告诉大家，这是叶圣陶61岁时候写的。从构思到完成，他说，他花了三十年的时间。你知道这首诗叫什么题目吗？

生：《月亮船》。

师：你的标题跟叶圣陶的原标题差不多，说明你很聪明。刚才，我看到同学写词语的时候，也写到了月亮船。如果只是一个比喻的话，他的诗就只需前面这两句，我们读一读。

（生齐读前两句）

师：现在，我们顺着船这个“比喻”往前走。既然是“船”，就可以在船上“坐”；既然“坐”着，就可以看周围的风景。因此，想象往前走了。请读后两句。

（生齐读后两句）

师：大家看，想象的思路是这样的：月亮—船—坐船—看。你们想不想也顺着自己的比喻往前走一走？来试一试吧。有一个很寻常的比喻，叫“月色如水”。我们往前走。既然月色是水，那么“水”里会有什么呢？我们又可以在这水里做什么呢？

生：月色是水，里有很多小生物，我在里面游泳。

师：哪些小生物会在月色里？

生：在月色里游着的，肯定是星星。

师：水仅仅只是让我们想到在里面游泳吗？

生：月亮倒映在水里，我们可以去摘月亮。

生：海底里肯定有嫦娥、宫殿，那我一定会享受那种美景。

生：月光如海，我会倾听到海水声。

生：月光如水，星星就像种子。水泼出去之后，星星就发芽了，会长出很多星星。

师：你长大后，一定是个诗人，至少是个有诗情的人。你知道，想象出来的世界与我们真实所处的世界是不同的。月光如水，水里有鱼吗？谁是鱼？

生：我们都是月光里的鱼。呵呵，这个女孩子，你在月色里一定是美人鱼。

生：月亮是个装满水的水球，我用针一刺，水就滴答落下来。

师：我想，那些水就变成了晶莹的露珠。对吗？

生：河里有很多很多的鱼儿，我可以去尽情捞鱼。

师：捞，这个词我喜欢。会唱周杰伦的歌吗？“月色被打捞起”，那是多么美的境界！你们看，我们沿着比喻想象，就可以走到柳暗花明的意境。这就是想象开发的第二阶梯。还有一级阶梯，大家有没有猜到？

四、看谁想得“美”

（板书：想得“____”）

师：我给大家看一首诗，这是一个日本小朋友写的。找个同学朗读这首诗，其余的同学思考：地上的“花”是有色有香的，天上的星星应该是无色无香的。为什么诗中说天上的星星也会有花色与花香呢？

课件展示：

星星和花

一对可爱的姐妹／大自然——母亲把她们养大／天上的花叫星星／地上的星星叫花／彼此虽隔天涯／却有着同样的色香

师：我们一起读。

（生齐读）

师：告诉我，诗中小姐妹是指哪两个事物？

生：星星和花。

师：你们看，诗人居然把两个没有关系的对象，很美好地融合到一起，它们不再是孤立的了。它们有同样的母亲，就叫大自然。天上的花叫星星，地上的星星叫花。地上的花有色彩，有黄的，有紫的，各种各样的，还有芬芳。天上的星星有芳香吗？有色彩吗？有呀。就像地上的花一样。诗人为什么要这么写？或者说这样写有什么好处？

生：这样写的话，就能把天上的星星写得像地上的花儿一样美，有一种身临其境的感觉。

师：是的，身临其境。你想啊，此时，天上和地上，融为一体了。你在地上闻到花香就好像看到无数的星星。你看到天上的星星，又仿佛是闻到了地上花的芳香。你分不清什么是花，什么是星星。人呢？人全都融入美的意境中去了。所以，这样来想象，就是意境更美，有色，亦有香。美，是想象的最高境界，它要求将那些想象中的对象集中在一起，构成一种情境，美的意境。

（板书：美）

五、给画面配诗

师：下面，我给大家看四幅画面。

（板书：这四幅画面，都有月亮。第一幅，月亮和树；第二幅，月亮和城市；第三幅，月亮和海水；第四幅，月亮和孩子。）

师：下面，请你选择一幅，仿照《星星和花》，写几句诗，为画面配上一首小诗。

（生写诗之后，交流）

生：我写的是《月亮与孩子》。

月亮与孩子

月球和地球，

一对孪生姐妹。

月亮上的孩子手握星星。

地球上的孩子手握鲜花，

月亮上的孩子在星光中沐浴，

地球上的孩子在夕阳中玩耍。
一切都是那样充满温馨，
充满柔情。

师：月亮和地球上的孩子对话。非常好！请给他掌声。

生：我写的是《月亮宝宝》。

月亮宝宝

月亮像个小孩，
有时孤独地坐在那里，
有时和小伙伴一起玩耍，
有时和伙伴一起分享快乐。
星星就像
月亮的伙伴。

师：也许你借月亮抒怀。我们多是独生子女，在家里多么希望有更多的“星星”陪着玩。对吗？

生：我写的是《树和月亮》。

树和月亮

树和月亮是一对朋友。
他们从前生活在一起。
后来，月亮长出了翅膀，
飞上了天。
夜晚，
月亮出来想和树说话，可是地太远。
树，想和月亮说话，可是天太高。
于是，他们只能微笑，微笑。

师：非常棒！你的诗可以发表，因为我是做编辑的。还有更多精彩的诗篇正在写作中。今天回去，请把这首诗写完。如果有乐意写文章的，请选择一幅画面，用充满想象的文字去描述它。今天的课，请记住老师说的这句话——

不同的想象有不同的精彩，不同的想象将成就不同的人生。

六、名师点评

让想象再往前走一步

——评《星空下的美丽想象》的教学

刘敏威

“晴朗的夜空中有许多有趣的现象，月缺月圆，繁星点点，流星飞逝……面对浩瀚星空和皎洁的月色，你肯定也有过无穷的遐思和美妙的想象：或是神秘的仙境，或是动人的故事……将它们写下来，一定能打动人。”

这是苏教版五年级语文教材上的一次材料习作提示。黄耀红博士应邀参与“江苏省第二届面向儿童的习作教学”主题活动时，其执教的习作指导课正是针对教材里的这个话题。无疑，这是一次想象作文。想象之于作文的重要已无须赘言。《语文课程标准》明确强调：“鼓励学生写想象中的事物，要激发他们展开想象和幻想，发挥自己的创造性。”

黄耀红博士的这节想象习作指导课，带给了我们诸多有益的启示。

一、让想象具有生长的空间

想象，往往滋生于自由的心灵中；想象，频频产生于宽松的氛围里；想象它汩汩冒出于闲适的心境下。黄老师深谙此理。课堂伊始，他从自己的姓名入手，问“看到我的名字后，你的第一感觉是什么？”学生顿时展开想象的翅膀：“你的名字，让我想到了红色的太阳，特别美。”“你的世界一定是五彩缤纷的，因为有黄和红两种色彩。”“我想到了夕阳西下的景象。夕阳在山边，还有余晖，染红了天边。”“我想到了秋天的田野，涌起金黄的稻浪。”这样的教学过程，不仅仅是巧妙地引入了课题，为教学内容奠基，更重要的是，它一下子就拉近了教师与学生的距离，真正给他们以自由的心灵、放松的精神、融洽的氛围。而这，正是想象生长的最适宜的空间。我们看到，在黄博士整堂课的教学中，这种自由、放松与融洽的因子，始终弥散在课堂中。学生在尽情扇动起想象的翅膀后，妙语连珠，精彩纷呈。

二、让想象具有创造的基础

想象是在头脑中改造旧表象、创造新形象的心理过程。想象在已有的表象上展开，不是无源之水，无本之木，任何想象都离不开已有的知识与经验。一个人的感性体验越多，就越可能产生丰富的想象，正所谓古人所云：“厚积而薄发。”

在《星空下的美丽想象》一课中，黄老师引着学生先以词语捕捉想象——看谁想得多：“银河”“嫦娥”“玉兔”“月亮奶奶”“牛郎织女”“钻石”……一个词，就是一个丰富的画面；一个词，就是一个动人的故事。

然后，借助学生熟悉的诗歌意境展开想象——看谁想得新：“弯弯的月儿，小小的船。小小的船儿，两头尖。我在小小的船里坐，只看见闪闪的星星蓝蓝的天。”一首诗牵动着想象的情思，一首诗揣摩出想象的方法。

最后，教师从诗意的画面展开想象，看谁想得美——教师出示的四幅画面都有月亮：月亮和树、月亮和城市、月亮和海水、月亮和孩子。一幅画就是一片想象，一幅画就是一首诗。

不难看出，在这三个环节里，词、诗、画三种元素，通过想象的缝织而互相辅助、互相转换、互相融合。词、诗中有画，画中亦有诗与词，词、诗、画三位一体。这里，想象，让学生的言语灵动了，诗情浓郁了，眼里的画面丰盈了。词、诗、画的步步引入，让学生的想象有了创造的基础，有利于想象走向更深处。

三、让想象再往前走一步

让想象有生长的空间，让想象有创造的基础，如果一堂课停留于此，那么这堂课充其量只能算一堂常规的优质课，算不得启人思索的研讨课。我以为，黄博士这堂课的最大精髓正在于他能引领着学生实现“让想象再往前走一步”。

“先学会打一个新颖的比喻，然后沿着比喻往前飞。”怎么往前飞呢？“《小小的船》这首诗，大家看，想象的思路是这样的：月亮—船—坐船—看。就是说，将月亮比作船还不是最难的，真正出新的地方，是沿着这个比喻往前走。”在教师引导下，学生的想象果然往前走了：“月亮是个装满水的水球，我用针一刺，水就滴答落下来，变成了晶莹的露珠。”多么精彩的想象！在这里，想象不仅仅是想象，它传递着这样一个理念：想象真的是我们感知世界的一种思维方式。

“我们沿着比喻想象，就可以走到柳暗花明的意境，这是想象开发的第二阶梯，还有一级阶梯。”“美，是想象的最高境界，它要求将那些想象中的对象集中在一起，构成一种情境，美的意境。”课的最后，在实例《星星和花》的引导下，学生理解了这种情境，这种意境，并试着让自己的比喻与想象再往前走。孩子当堂写出的诗作便是前行的见证。

树和月亮

树和月亮是一对朋友，
他们从前生活在一起。
后来，月亮长出了翅膀，
飞上了天。
夜晚，
月亮出来想和树说话，可是地太远。
树，想和月亮说话，可是天太高。

于是，他们只能微笑，微笑。

诚如黄博士在演讲中所说，想象不仅仅是想象，想象应成为我们精神存在的方式。想象对于我们的意义远远不止是作文，不只是表达。想象，应是让我们的生活与生命更自如，更自由，更自在。

也许，我们做教师的，冥冥之中，思想总逃不脱“考试”这一枷锁的禁锢，不自觉地将想象的目标牢牢锁定在“通过想象提高学生的作文能力”上。殊不知，偏狭的目标却往往成了学生想象的樊笼，阻碍了学生的想象。

黄耀红博士将想象置于“生命存在意义”的终极关怀背景下，使学生的想象反而有了广阔的施展空间，在这样的空间里，学生的思维与言语更灵动了，学生的交流与表达也更自如了，作文能力自然也就提高了。

让想象再往前走一步。这也许是这堂课带给我们的最亮的思索。

第十三课

开发感官

——《树叶里有多少秘密》课例研究

一、引子

师：我现在在黑板上写一个词——秘密（板书后齐读），请孩子们告诉我，“秘密”这个词，一般最喜欢跟哪些动词连在一起？

生：维护、藏、保守、收藏、公布……

师：如果想要将某个秘密公布出来，公布之前需要怎样呢？

生：寻找。

生：调查。

师：对。寻找、调查都是探索秘密的方式。你觉得世界上哪些地方的秘密最多？你最想去哪些地方探索秘密？

生：小朋友的心里。

师：对。小朋友的心里一定有不少秘密。大人也有吧，你觉得我心里有秘密吗？

（生点头）

师：呵呵，像我这种大朋友，心里也有秘密。除了心里，还有哪里有秘密？

生：金字塔。

生：森林里。

师：为什么森林里会有秘密？

生：因为森林里有许多生物和树。

师：森林是神秘的，秘密一般是神秘而没有被发现的。

生：我想知道爸爸、妈妈的秘密。

（师生笑）

师：那可是隐私哟！

生：海洋里有秘密。

生：我们没有去过的地方都有秘密。

师：是的，任何未知的领域都有秘密，都等着我们去探索。你对哪些未知领域充满好奇？

生：沙漠。

生：外星球。

生：太空。

……

师：同学们说得又多又好。现在，我想说：秘密并不一定在很远的地方，也并不一定在很神秘的地方，很多时候，它就在我们身边，就在我们司空见惯的地方。虽然，你天天看着它，并不等于你认真思索过，发现过。现在，我给大家看一个生活中很常见的东西，看看大家能不能发现它的秘密。

（出示一片树叶）

师：这是什么？

生：树叶。

师：一片树叶会有什么秘密吗？

生：有！

师：你肯定？确定？一定？

生：嗯！

师：那好！探索秘密从问题开始。你面对一片树叶或是一串树叶时，你能提出多少问题？

（板书：树叶里藏着多少秘密）

二、树叶能有多少问

1. 把树叶当树叶问

师：一片树叶能让我们提出多少问题？先告诉大家提问的方法：

第一，你可以把这片树叶仅仅看成一片树叶来提问，看看你能问出哪些问题；第二，你可以把树叶当成一个人，当成你最好的朋友来问，看看你能问出哪些问题；第三，你可以把几片树叶，一串树叶比较来看，在比较后，看看你能问出哪些问题。明白吗？下面，看谁最会对树叶提问。

生：树叶，为什么到了秋天就要落下来？

师：很好的问题，你关注到树叶与季节变化的关键，这里确实有秘密。

生：世界上有没有完全一样的两片树叶？

师：你的问题很有哲理，几千年前的古希腊哲学家就像你这样问过。

生：树叶可以散发氧气，如果摘下来还散发吗？

师：非常好，这里面涉及光合作用的原理。叶子被摘下来之后，还可以进行光合作用吗？真是个大秘密。

生：树叶它从什么时候开始生长？

师：对啊，这些叶子到底何时在生长，是早上还是晚上？

生：它的筋脉多不多？

师：你想了解树叶的内部构造。

师：我们来比比谁问的秘密最能引人入胜？

生：树叶为什么只有一个面是绿色的？

师：树叶的另一面不是绿色的吗？你发现了问题，很仔细，但应该怎样表述问题？

生：树叶两面的颜色为什么会不一样？

师：好问题来自细致的观察，你的眼光一定要独到，才有新的发现。

生：树叶是由什么组成？

生：分子。

师：这关系到以后要学的生物知识。你们的知识太丰富了！

生：树叶有什么特点？

生：树叶里有水分吗？

……

师：下面我们试着把思路打开一点。因为，我发现，大家提的很多问题都指向了科学。大家对照一下这些树叶，看有什么问题产生？

（板书：不同色彩与形态的树叶）

2. 对比着问

师：从比较的角度思考，你能对树叶提出哪些问题？

生：树叶的颜色为什么是不一样的？

生：树叶的形状为什么会不一样？

师：为什么有的树叶像手掌，有的树叶像嘴唇？

生：为什么树叶的大小会有这样大的区别？

生：树叶的名字为什么不一样？

师：树叶的名字到底是谁给它取的？是老树给小树取的吗？

（生大笑）

生：那片红色的叶子为什么死气沉沉？

师：是吗？同学们觉得这片红叶死气沉沉的，请举手。

（生无人举手）

师：没有同意你观点的，但你的看法还是很独到。两片叶子你喜欢哪一片？

生：第二片，红色的。

师：有没有喜欢第一片的？也有人举手。看来，两片叶子各有各的美丽。绿色的是春天的美，红色是秋天的美。

师：还有吗？

生：那片红色叶子上有些小锯齿。

师：哦，有小锯齿，这是为什么呢？你的视力非常好！更重要的是，你有发现的眼光，你的眼睛有点像雷达。

生：为什么这些树叶的经脉是不一样的？

师：你们发现了吗？这片绿色的叶子上面还有什么东西？

生：有水珠。

师：水珠呀！你们还可以想诗意一点。

生：露珠。

师：上面还有露珠，刚刚沾上的。你看，比较着问的时候，一片叶子又可以问到这么多问题，有关于叶子不同的颜色的，也有关于它们不同大小、形状的。一片叶子关系到生长、季节、阳光，还关系到什么？

生：光线。

生：雨露。

师：你们看看这是不同季节的树叶。（课件出示四幅图）知道春天的树叶是哪幅吗？

生（齐答）：第一幅。

师：这片树叶给你们的感觉是什么？

生：生机勃勃。

师：能不能多用几个词，不一定必须是成语。

生：水嫩水嫩的。

师：跟你一样啊，水嫩水嫩的。这片黄色的叶子，知道它叫什么吗？

生（小声）：银杏叶。

师：我们给银杏叶打个比方看看，你们觉得它像什么？

生：银杏叶像一把扇子。

师：一把扇子，像一把很大的扇子吗？

生：很小的。

师：一把小小的扇子，是一把黑色的小扇子吗？

生：不是。

师：什么颜色的扇子？

生：黄色。

师：仅仅是黄色的吗？

生：金黄。

师：哦，金黄色。像一把小小的金黄色的扇子。这样说是不是比你刚才讲的生动一些？

生：是。

师：下面这片叶子，大家知道吗？前面我们讲的是春天的叶子，这个是什么时候的叶子？（指后面两幅图）

生：枫叶，秋天的叶子。

师：同样是枫树的叶子，在春天是那个样子，到了秋天又成了这个样子，有没有同学能描述这片秋天的叶子？这次不再像小扇子了吧！

生：好像一个手掌。

师：好像一个手掌，像一个手掌不够，你只是讲到了形状，还可以往色彩方面去想。

生：橙色的手指。

师：是橙色的吗？红色，一个红色的手掌，世界上有这样的手掌吗？

生（小声）：没有。

师：那这个手掌肯定不是长在人的身上，它只是长在大自然的身上，是大自然母亲的手掌，是这样吗？

生：秋天的枫叶像一条红色金鱼的尾巴。

师：很不错，最喜欢就是红色金鱼的尾巴，因为它是有动感的。想想，这片叶子在秋风里的动态，是不是就像红色金鱼的尾巴在摇摆？

生：这片枫叶像孔雀的尾巴。

师：像孔雀的尾巴吗？我觉得不太像。（生笑）孔雀开屏五颜六色，你有没有看到过红孔雀？

（生又笑）

生：枫叶像一团燃烧的火苗。

师：挺好！大部分同学都把它比喻得更具体了一点，但上一位同学就反向行之，让它抽象一点，说它像一团燃烧的火苗，不也挺好吗？

（生笑）

生：枫叶像一些红色的血迹。

师：像血迹染在上面，是吧？如果我们秋天去烈士陵园秋游的时候，采点枫叶放到烈士墓碑前面，是不是有点象征意义呢？

生：枫叶像一个风筝。

师：非常好，它慢慢地飘下来，飘下来，在秋天的风里。不过，这个风筝可能放不了多久（生笑），毕竟，从树上到树下，只有那么高的距离呀。

3. 把树叶当人问

师：我们刚才多从比较中来提问，还有一点点缺陷。同学们还没有将这片树叶当作一个人来问，就是说用拟人的方式提问问得还不够。我们再来试一试，好吗？挑战一下自己。

生：树叶啊，你经历了哪些事情？

师：从春天到秋天那么久，你经历了哪些事情？这是把树叶当作朋友来问。

生：你天天快不快乐？

师：你问哪片树叶快不快乐？

生：第二片。

师：落下来的那片银杏叶，当初你在枝头的时候快乐，还是落下来以后更快乐？是吗？

生：嗯。

师：很好，拟人的方法大家也用得很好。

生：你干吗要长在树上，不长在水里？

生：树叶，你喜欢跳舞吗？

师：对，它喜欢，喜欢在风中跳舞。

生：你和树妈妈告别时，恋恋不舍吗？

师：哦，非常好！树叶也问你：你在学校读书，跟妈妈分开时会恋恋不舍吗？

生：你会有烦恼吗？

师：我觉得一个人在问别人有没有烦恼的时候，他自己肯定有烦恼。（生笑）不知你是这样吗？是不是有一点小烦恼？

生：树叶，为什么你到秋天就穿黄色衣服？

师：它的衣服很多，每一季都有不同的色彩。将来你长大了，可以像树叶一样穿更多美丽的衣裙。

（生笑）

生：树叶，你为什么要离开树妈妈？

师：可不可以一辈子不离开妈妈？

生（议论）：不可能。

师：怎么不可能呢？我觉得可能，搞根铁丝把它与妈妈绑在一起啊。

（生笑）

生：你有朋友天天和你玩吗？

师：你问哪一片呢？

生：第一片。

师：它永远在枝头，你担心没有朋友跟它玩，是吗？想想，哪些朋友会跟它玩？

生：毛毛虫、小鸟……

师：嗯，毛毛虫、小鸟、露珠都可以跟它玩。

生：树上的生活很快乐吗？

师：树叶反问你，你们在学校的生活快乐吗？

生：你站在那么高的树上，有人跟你讲话吗？

师：你高高在上，有人陪你讲话吗？看我们在一起多好玩啊。

生：你身体健康吗？

师：一片树叶的健康时时写在脸上。如果一只小虫子，将它咬了一个小洞，那片树叶的健康就出了问题，会像我们的脸色一样失去一些光泽。

生：树叶，你会流血吗？

师：哈哈，有意思，树叶的血，会是什么样子？

（生笑）

生：你从树上掉下来会不会受伤？

师："树叶里有多少秘密"，同学们已经用了几种方式给它提问，你们以前这样问过树叶吗？

生（齐声）：没有。

三、树叶能有多少用

师：这片树叶是我刚摘下来的，也许你还从来不曾这样问过它，是吧？秘密不在远方，就在我们旁边。下面，你们愿意接受新的挑战吗？

生：愿意！

师：真的吗？

生：真的！

师：我要问你——树叶能有多少用？（板书：树叶能有多少用）想一想，一片树叶到底有哪些用途？我看谁想到的用途最出乎意料，又在情理之中。

生：树叶可以净化空气，

师：对。不过，这样说太抽象，请说得更加具体。

生：树叶可以生火。

师：两种用途了。

生：可以给昆虫吃。

师：嗯，像桑叶就可以给蚕吃。

生：树叶落下来，可以做树的肥料。

生：可以用来吹口哨。

师：你比前面所有的答案都有诗意一些。春天，我们可以去柳叶湖，摘下一片柳叶。折起来，吹，声音很婉转，像黄鹂鸟叫。“两个黄鹂鸣翠柳”就是这样的意境。

生：几片树叶放一起，可以给人遮太阳。

师：很不错，可以遮阴，还要更有创意才好。

生：可以用柳树枝条做花环。

师：好，你的答案有新意。要是用橄榄叶做的话，就可以给奥运会冠军戴，那叫奥运桂冠。

生：树叶可以帮蚂蚁过河。

师：这个同学有新的突破，她在里面引入了一个新东西，叫蚂蚁。因为有了蚂蚁的参与，这片树叶的作用变得不一样了。

生：一片草药，可以用来敷外伤。

生：一片树叶，可以用来当书签。

师：又是很诗意的说法，树叶可以当书签。将今年春天的树叶夹到书页里，明年浏览这本书的时候，你或许可以感受一种春天的气息，是这样吗？

生：大一点的树叶可以做帽子。

师：大得像荷叶吧！

（生笑）

生：树叶可以为我们的画增添光彩。

师：哦，不仅能增光添彩，树叶本身还可以做贴画，对不对？如果给你三片树叶，你能做贴画吗？

生：能做。

师：你要三片什么样的树叶？

生：我要三片梧桐叶。（生指左中右三点）这儿一片，这儿一片，这儿一片，下面还有一个树枝。

师：那是什么？

生：三叶草吧！

（生笑）

师：哦，你的梧桐树叶变成三叶草了。

生：树叶可以做标本。

生：可以把一盆植物放在家里，净化空气。

生：比较大的可以做扇子，不过要芭蕉叶。

师：对，芭蕉扇。

生：荷叶包起来可以蒸鸡。

师：蒸鸡呀？荷香鸡吧！但那不是树叶，有没有树叶鸡呢？

（生笑）

师：我发现一个问题，我们的思维总在一个固定的轨道上，我们都在想这树叶对我们有没有用。我们说的许多答案都是在回答，树叶对于我们“人”有什么用。如果我们把角度变一变，同学们，我不要问树叶对我们有什么用，我要问对这些小动物有什么用。

（板书：树叶与蝴蝶、树叶与蜗牛、树叶与蚂蚁、树叶与小鸟）

师：树叶对这些动物会有什么作用呢？把思维展开一点。

生：树叶可以让蝴蝶休息。

师：蝴蝶如果是架飞机，树叶是它的什么？

生（齐声）：停机场。

师：这个想法貌似没什么诗意。

生：树叶可以做蝴蝶宝宝的摇篮，做蜗牛的食物，当蚂蚁的房顶。对于鸟呢，昆虫吃树叶，鸟就可以吃昆虫。

师：鸟是树叶的保护神，是吗？

生：对。

师：那是一只神鸟。

（生笑）

师：还有什么新的答案吗？

生：小鸟在树叶下乘凉。

师：非常好。

生：鸟可以躲在树叶后面，趁虫子没有注意的时候吃掉虫子。

生：树叶可以当小鸟漂亮的被窝。

师：这个女孩子想得很温柔。

生：叶子可以当蚂蚁的降落伞。

师：太有创意了。秋天时，一只爬上树叶的蚂蚁，不小心和树叶一起掉下来，结果它安然无恙，没有骨折。这不是一个传说。

（生笑）

生：蜗牛可以在树叶上睡大觉。

师：树叶是蜗牛的大床，是席梦思吗？我想，应当比席梦思要好，因为更凉快，更原生态。

生：树叶可以当狼蜘蛛的窝。

师：好奇特的想法。

生：下雨时，蝴蝶可以在树叶下躲雨。

四、树叶能寄多少情

师：变换了一个角度以后，我们的思维就进入一个新的空间，是吗？

生：是。

师：第一次探讨的是“树叶能有多少问”，刚才我们问的是“树叶能有多少用”，下面，还想挑战一次。我要问，我们可不可以借一片树叶来表达内心的感受？我们有好多感情，你说一片树叶到底能表达哪些感情？

生：都可以。

师：我不相信，树叶可以表达任何感情吗？

生：它可以表达悲伤的感情。

师：怎么表达？

生：它落下来的时候，慢慢地，悠悠地，被风吹到地上。

师：对，这样的树叶，让人想到忧伤。

生：一片红色的枫叶，可以表达你心中的怒火。

师：枫叶表达怒火，有柔和一点的吗？

生：一片树叶若被虫蛀了，可以借此表达残疾人的悲伤之情。

师：虫蛀了一片树叶，表示一种美被损坏。本来很完美的，结果却有点缺陷，像人一样，可能长得很漂亮，但耳朵听不见。

生：一片嫩绿的树叶可以代表心情很好。

师：除了表达心情很好还有别的吗？有一个作文集叫《嫩芽》，你说那有什么寓意？

生：一片小小的、嫩嫩的树叶可以表现幼稚的心灵。

师：讲得很有道理。估计你爸爸好长时间不曾看过树叶，因为他觉得树叶没有必要再去看。但是，小孩子觉得树叶很大，因为这里面有一个大大的世界。

生：一片火红的枫叶可以表现无限的热情。

师：据说枫叶还可以表达相思呢。不过，你们现在没有这种体会。

生：一片冬天的枯叶可以表示心中的哀伤。

师：为什么哀伤？

生：因为树叶枯了，人的心情当然不好。

师：它曾经也绿过，绿得最好的时候是没有遗憾的。但，它现在枯了，让我们有点感伤。就跟人一样，老了就有点伤感。

生：是这样。

师：人有白发了，有皱纹了，有点感伤？

生：是这样的。

生：树叶在微风中摇晃，可表达我的欢快之情。

师：真的好多感情都能借由树叶来表达。树叶太厉害了，它难道是我们的情感代言人吗？

生：不同颜色、不同大小的树叶，可以代表不同年代的人。

师：你这个想法太有创意了。一片大树叶代表 1960 年代，一片小树叶代表 1990 年代。

生：一片大树叶可以代表一个人宽宏大量。

师：大树叶代表宽宏大量，如果我是一个小气的人，你就送一片小树叶给我。

（生笑）

师：如果真是这样，你这个提醒的方式就太特别了。

生：小小的绿叶可以代表青春。

师：你的语言非常有诗意，并且很丰富。

生：一片火红的树叶在风中摇晃，可以代表我的激动。

师：同学们一般用眼睛来观察树叶摇晃，实际上摇晃还可以用来聆听。树叶摇晃的声音，你听过吗？

生（齐声）：听过。

师：是什么样子的？

生（齐声）：沙沙沙的。

师：在风里是这样的。如果是风里夹着雨点呢？如果是下雪呢？如果是下暴雨呢？如果是刮狂风呢？不一样的状态下，树叶发出的声音是一样的吗？

生（齐声）：不会。

师：那如果我们老是用“沙沙沙”的声音描述，准确吗？

生（齐声）：不准确。

师：要根据实际情况来，对不对？

师：继续挑战自己。想想，树叶还能寄些什么情？现在假定有这样四种情况。

（课件展示：“树叶和花”“树叶和树”“树叶和老家”“树叶和沙漠”四幅图片）

师：树叶和它们在一起时，能表达什么感情？现在要你们挑战一下，相对于花、相对于树、相对于老家、相对于沙漠来说，一片树叶相当于什么？请你打一个比方。同学们还有挑战的潜力吗？

生：树叶和花在一起的时候，就好像一个人披上了漂亮的衣服。

师：一个人披上漂亮的衣服。那，花是人，树叶是衣服吗？

生：树叶是人。

师：树叶是人，那它穿的是花衣服啊。

生：树叶可以代替我们看管老家，可以代替我们的思想。

师：树叶是我们的思想？你忘了刚才我说过的一个要求——打比方。你前面的同学打比方说，树叶是衣服，现在还是按照这个方式来说话。

生：我觉得整棵大树像一个庞大的兵团，一些小的树叶就是一些兵。

师：对，它就是一个小兵。如果大树是一所学校呢？

生：树叶就是学生。

生：树叶对老家来说，是它的老伴，相依为命。

师：很好，相依为命，它一辈子在这里不动，对吧？

生：树叶与沙漠在一起，沙漠就像一场雨，树叶就像这场暴风雨里的勇敢者。

师：哦？沙漠是一场暴风雨，绿叶呢？就是这场暴风雨中的勇敢者。沿着这个思路，我们还可以变一下，还可以说更多。

生：树叶是行走在沙漠里的人的一根救命稻草。

师：想一想，沙漠里面有一种什么东西是这样（手势做树状）的？

生：仙人掌。

师：仙人掌是绿色的。当人焦渴的时候，炎热的时候，突然看到绿色的树叶，会有怎样的感觉？

生：很激动。

师：激动，特别充满希望。好，我们看，树叶它能够表达我们心中许多许多的感情，对不对？

生：对！

五、树叶能说多少话

师：我们开始写作文了，作文该怎么写，如果就写篇作文叫《树叶》，这样子太没有意思了。“树叶能说多少话”就是讲你看到树叶时，你肯定有很多话想跟树叶说，同时你可以想一想，树叶看到你的时候，说不定它也有话想跟你说，我对树叶说，或者是树叶对我说。大家可以写一小段文章，或写首小诗。树叶可以发生许多故事，如树叶与树叶，树叶与蚂蚁……

现在，我给大家讲一个故事：有一只黄蚂蚁和一只黑蚂蚁，它们常年生活在树叶之间。它们之间隔着几片树叶。有一天，黄色的蚂蚁在树叶上咬了三个很小的洞，因为蚂蚁没有文字，就那样咬了三个洞来交流，那只黑色的蚂蚁就在树叶上咬了四个小洞。谁能猜出来，前面三个小洞可以怎样理解，后面四个小洞又可以怎样理解？如果每个小洞代表一个文字的话，你们能够想象这个故事吗？等会大家写文章的时候，可以用这种有想象力的故事去说。

生：可以这样理解，黄蚂蚁说：三点钟的时候我们去郊游。那只黑蚂蚁说：三点钟我没有时间，四点钟去吧！

师：呵呵，三点钟没时间，特别会议呀！

生：黄蚂蚁对黑蚂蚁说，它们中间隔了三片树叶。黑蚂蚁说：你数错了吧，是四片树叶。

师：都说得不错，但不是特别有深意。要不要我告诉你们别人是怎么想的，要吗？

生：要。

师：啊，等一下——

生：咬三个洞的话，我认为是我们家有三口人，黑蚂蚁咬四个洞就是我们家有四口人。

师：它们家是个独生子女家庭，正好三个；另外一家呢，有爷爷住在一起，四个。还有吗？有个童话作家，她写前面那只蚂蚁咬了三个洞就叫“我爱你”，好难为情的，后面那四个字呢？

生：我也爱你！

师：呵呵，你们的妈妈也爱你呀！现在，拿出本子来写一小段话。把你心里想说的话写给树叶听，或者把你觉得树叶可能对你说的话写下来，随便你自己取什么标题。我们一节课的时间确实不能写太多，大家可以去写一写，如果有人愿意写诗的话，也行。这样好玩吗？

生：好玩。

六、当场习作及课堂交流

师：现在请同学们将你写的内容互相交流一下。

生：我写的是一首小诗。题目就叫“树叶”。

树叶

你看看树叶吧，

看看树叶吧，
你看它的时候会发现
树叶也在看你。

你和树叶说说话吧，
说说话吧，
说完后
树叶会为你唱动听的歌曲。

你和树叶交个朋友吧，
交个朋友吧，
它会陪你走过
精彩的四季。

师：不错呀！特别是爱跟树叶说真话，交个朋友，我愿意做这样的树叶。

生：我写的是《跟树叶说声对不起》。

跟树叶说声对不起

我像往常一样上学。平时看到了树叶，我都会扯下三两片来做飞镖。

现在，我在这儿对你说："对不起，树叶！"

树叶笑眯眯地望着我："没关系，我原谅你！不过，你以后得爱护我们哟，不能光爱护我们，还要爱护所有的植物。"

师：嗯，不错。你为什么觉得对不起树叶？因为树叶摘下以后就意味着它生命终止了，是吗？

生：我写的题目就叫"树叶"。

树叶

我走在放学的路上，抬头望了望在风中摇曳的树叶。

我每天都能看到它，但今天见到它，却像久别的朋友。我想对它说的话太多："树叶呀，你知道吗？有个大博士叫黄耀红，他在我们班上课，我们非常高兴！但再过几周就要期末考试了，我也好苦恼。哎，树叶呀，青春有限，你要好好把握。"树叶却依然站在空中，不言不语。

师：你对树叶说，也是对自己说。借树叶来表达心中的感情。没写完也没关系，先念一念。

生：我写的题目也是"树叶"。

树叶

我和一片金黄的树叶是好朋友，我们形影不离。但是，我从来没听见它说话，它好像是个哑巴。

我忍不住问它："请问，你是哑巴吗？"

树叶一听，微笑着对我说："我不是哑巴，也对你说过话，只是你没听到，也没注意到。"

我听了它的话，心里一喜。树叶说："我在风中摇曳，会发出沙沙的响声，那是我对你说话；我在你旁边，被虫子咬了许多洞的时候，发出呻吟的声音，那也是我在对你说话。我在告诉你，我心里想的是什么。"

师：树叶有树叶的语言。

生：我写的题目也是"树叶"。

树叶

树叶，天天看着你，我有好多话要说给你听。

我要告诉你，我的秘密，我的心情，我的美好生活，我的有趣回忆；我还想和你，和你一起游戏，一起快乐，一起伤心，想和你做朋友，每天都把自己说给你听。

师：你的声音特别好，可以做播音员。

生：她本来就是播音员。

师：真的是播音员啊？这么厉害呀！

生：我写的题目也是“树叶”。

树叶

树叶啊，树叶啊，我一直想问你，你代表着什么？

你在梦里告诉我：你代表着情，代表着一个思乡老人的情，他永远想着归根落叶。

师：不错不错！

生：我写的是诗。

树叶

树叶啊，
你就像天使般，
呵护着我们幼小的心灵；
树叶啊，
你就是生活的绘画师，
让我们的生活变得五彩缤纷。

师：也是一个小诗人！刚才很多同学的文章写得都非常不错，寄予了感情，也选择了自己最动情的那一点来写。我们一定要懂得：秘密就在我们身边，就在我们的眼睛里。发现秘密，将是我们写好作文的第一个密码。在别人看不到的地方，你有新的发现，那就说明你的作文一定会有与众不同的精彩！

七、名师点评

低到尘埃里

——评《树叶里有多少秘密》的教学

张　璟

初识博士，始于聆听他的演讲。开讲时，他会离开高高的讲桌，而行至离观众最近的席前，或挥臂，或疾走，言辞间激情四溢，文采斐然，不由人不感之、染之。此次走进博士的小学语文习作课课堂，感受到的，却是别一番境象：极简，极净；至朴，至真。

初觉讶然，后深会于心。

于永正先生曾就作文教学现状有言："我们的老师，太像老师了；我们的上课，太像上课了；我们学生写的作文，太像作文了。我们是否也能随意一些，有情趣一些，作前少包办一些？"

是无独有偶？还是英雄所见？黄博士的课堂恰恰让我们感觉：不太像老师，不太像上课。没有刻意为之的课前交流，没有华丽精美的教学导语，没有美轮美奂的课件展示，甚至也没有丝丝入扣的教学环节，在一支粉笔板书出"秘密"一词的朴素里，课拉开帷幕，与孩子们如朋友般的一段聊天之旅，也由此开启。

话题很轻松——

"'秘密'这个词，一般最喜欢跟哪些动词连在一起？你觉得世界上哪些地方的秘密最多？你最想去哪些地方探索秘密？"

……

孩子们的回答也很轻松。

当一个孩子说"我想知道爸爸、妈妈的秘密"时，教授接招：那可是隐私哟。或许就在这一刻，孩子们心里的生疏与戒备应声而落，且偷想：给我们上课的大名鼎鼎的博士原来如此好玩！

在近四十分钟的交流里，在全课四十七次之多的给予学生的各种激励评价中，这样的润滑剂屡屡出现。

赞赏有之："你的视力非常好！更重要的是，你有发现的眼光，你的眼睛有点像雷达。"夸奖有之："小小的树叶跟你一样啊，水嫩水嫩的。"祝愿有之："将来你长大了，可以像树叶一样穿更多美丽的衣裙。"调侃有之：（师问生树叶可不可以一辈子不离开妈妈。）"怎么不可能？我觉得可能，搞根铁丝把它与妈妈绑在一起啊。"故意设疑有之："我不相信，树叶可以表达任何情感吗？"而更多的，是对学生真诚的肯定：有诗意、有创意、有新的突破；有意思、有道理、想得很温柔；很奇特、很独特、很特别，有哲理，几千年前的古希腊哲学家就像你这样问过……

自始至终，博士在耐心地倾听，在敏锐地捕捉，在恰切地评价，在不露声色地推进。此外，没有其他，也不作其他。干净清爽，如冬日清晨之暖阳。

当作前指导结束之际，博士问了孩子们一句：这样好玩吗？一个"玩"字，让我们触碰到博士见心见性的语文教育追求："玩"者，快乐地探究体味也。对语文课堂心存恐惧之心者不能"玩"，在语文田园之边上徘徊者不能"玩"，悟不到语文教学的精髓者不能"玩"，不发自内心地热爱语文者更不能"玩"！博士在语文的江河湖海里浸润久矣，深得水性，固能"玩"；博士其心性几近儿童，固能"玩"；博士把儿童的课堂视为生命而挚爱之，固能"玩"。是的，只有"心中似无课，满心满眼皆学生"者，才会大无畏地摒弃一切可见的形式，才会果断剔除与"我"有关的一切杂念，安然沉潜于属于孩子，只属于孩子的课堂，也才会有课即是引领孩子"玩"的这般境界！

但是，如果认为博士在此课中仅为创造一份孩子们无所不想，无所不答的自在，无疑是片面的。他对作文教学的真知灼见，他启发孩子如何更独创性、更文学地思考和表达的教育匠心和教学智慧，都藏在这看似简简单单、轻轻松松的聊天里。

如上课伊始聊关于秘密的话题，当学生的思绪飘到遥远的天外时，教授话锋一转：同学们说得又多又好。现在，我想说，秘密不一定在很远的地方，也并不一定在很神秘的地方，很多时候，它就在我们身边，就在我们司空见惯的地方。虽然你天天看着它，并不等于你认真思索过，发现过。现在，我给大家看一个生活中很常见的东西，看看大家能不能发现它的秘密。

——于身边寻常的事物里看到不寻常，练就一双发现的眼睛，永远是写好作文须迈出的第一步，训练，于此开始。

又如，当学生的思维停留在把树叶当作一个纯客体来问时，博士顺势引导：我们刚才多从比较中来提问，有一点点缺陷，同学们还没有将这片树叶当作一个人来问，就是说提问是拟人的方式用得还不够。我们再来试一试，好吗？

——好一个当作一个人来问！正是因为这种换位后的切己体察，孩子们的心开始渐渐和着自然万物的节奏律动，变得更柔软、更丰富、更诗意。

再如，当学生的思维在"树叶能有多少问？树叶能有多少用？"这两个问题层面铺开后，博士进而引导：下面，还想挑战一次。我要问，我们可不可以借一片树叶来表达内心的感受？我们有好多感情，你说一片树叶到底能表达哪些感情？

——孩子是天生的诗人，他们的思维永远有着与自然同步的顿悟。一个孩子马上说道："它可以表达悲伤的感情。它落下来的时候，慢慢地，悠悠地，被风吹到地上。"

在她的娓娓描述中，我似乎看到了她因生命的凋零而产生的淡淡的悲伤。著名词学教授叶嘉莹先生说：成就一个伟大的词人，首先要能感之。何谓感之？钟嵘在《诗品序》中说："气之动物，物之感人，故摇荡性情，形诸舞咏。"陆机的《文赋》也曾说："悲落叶于劲秋，喜柔条于芳春。"

当我们指导孩子为文时，"能感"又何尝不是写"真文"的关键要义呢！

正是在这样一步一步看似不经意，实则极为用心的"明点暗拨"中，学生内心沉睡的感受被唤醒。

一个学生的当堂习作中写道："我走在放学的路上，抬头望了望在风中摇曳的树叶。我每天都能看到它，但今天看到它，却像久别的朋友。”

那份今天看到后的不同感受，应该是此一课堂带来的吧。

这样一番回味下来，方悟：以拳拳之心扛着湖湘语文大旗不断鼓与呼的博士与以涓涓之情洗尽铅华、俯身小学语文课堂的博士原是如此统一的一个人。

低到尘埃里，是爱到极致的姿态！

第十四课

理解生命

——《生命　生命》课例研究

第一课时

一、聊聊生命

师：来到青竹湖湘一外国语学校，看见你们，特别开心。我问自己，是来给你们上课，还是跟你们聊天呢？还是聊天好。我带来了一个聊天的话题，不过，有点大，这话题叫生命。你们以前是不是正儿八经地思考过生命？

生：想过。

生：没想过。

（生议论纷纷）

师：到底有没有关于生命的感觉，我先测试测试。现在，我请两个同学上去写"生命"这两个字，你可以随意选择一支彩色粉笔，不过，待会儿要告诉我：你选这种颜色的粉笔来写生命，有什么理由？

（两生上台书写）

师：我再找两个同学上去。我希望他们用的颜色不太一样，我喜欢不一样的思考。

（四生书写）

师：他们写得很认真哪！有没有人将这个"命"字写错？写错了也没关系，注意下部的右边。大家写完了，给点掌声。

师：为什么你选的是绿色？

生：因为绿色代表和平、希望。

师：哦，了不起！没有和平，没有希望，还谈什么生命啊？那你又为什么用红色？

生：我选红色是因为它代表生命非常红火，再说，鲜血也是红色的。

师：对，不只鲜血是红色的，早上初升的太阳也是红色的。红日最能体现热情、活力。哦，还有补充的。

生：红色代表着关爱，世界上人人需要爱。爱，能让世界更加美好。

师：嗯，是的，没错。难怪红十字会选择的是红色的十字。你呢？为什么选的是蓝色？

生：蓝色代表着联合国维和部队，如果有战争，很多人都会死去。

生：天很蓝，我们的心很宽。

师：有没有人喜欢黄色，我是姓黄的。

（生笑）

生：我喜欢。因为黄色比较艳丽，让自己活得更鲜艳，这是生命的追求。

师：对！生命是一种暖色调。

生：我喜欢白色。

师：哦？为什么？

生：白色代表纯洁，生命不能有一点污渍。

师：说得很好，给她一点掌声！白色貌似是我们生命的布景，我们是从医院降生，离开世界的时候，总以白布为布景。

（生笑）

师：我们再往深处聊聊吧。看到“生命”这两个字，你的脑海里会立刻联想到什么样的镜头，什么样的情景？请告诉我，你关于生命的第一感觉。

生：一个婴儿从妈妈肚子里出来，正哇哇大哭。

师：那是生命的开始。

生：想起春天刚发芽的小苗。

师：非常好，他说的是人，你说的却是植物。

生：想起远古的原始部落。

师：你想得好奇怪哦，追溯到远古了。是不是想到古猿变成人？那是人类生命的开始。你可能适合做考古吧！

生：花枯萎的时候，结束了生命。

师：你倒是做诗人的料子。

生：想起一个战士倒下了。

师：那是生命的完结，不过，这种终结相当悲壮。

生：想起一条鱼从水面跳了起来。

师：你谈的是动物，有活力的动物。还有没有？

生：我一想到生命就想到了蚕宝宝。

师：真的？你养蚕宝宝了吗？很可爱吧，非常支持你！下面请大家看几组画面。

课件展示：

第一组，溪水里的小蝌蚪，天空飞鸟，牛羊；第二组，春天里的新苗，花朵和果实；第三组，我们人类，婴儿出生、一家三口、门边孤独的老人。

师：你们发现了吗？本来我带来的话题很大，但是我们聊得并不大，我们将很大的话题变成了一些具体的人与物。我们今天一起学习的这篇课文《生命　生命》也是这样。为什么连写两个“生命”呢？这个问题，你们可以想很久。

二、导读课文

师：请大家把书翻到第 89 页，默读课文，将生字难字标记出来。讨论：作者对于生命的这些理解，你是否有过？

（生默读）

师：请同学们跟老师一起写“骚扰”，“骚”读 sāo，平舌音；“听诊（zhěn）”的“zhěn”是前鼻音韵母；“不能动弹”的“弹”读“tán”，还有一种读音“dàn”，什么时候读“dàn”？

生：子弹。

师：“震撼（hàn）”，“撼”要用手去撼动，所以是提手旁。还有“糟蹋（tà）”“有限（xiàn）”两个词要慢慢写。为什么要慢慢地写这些字？最基础的东西最要掌握。好，一起来读两遍。

（生齐读）

师：作者对于生命的那些感受，你是否也曾有过类似的体验？

生：有过。一只大闸蟹被一刀切成两段，它还在动。

师：这与作者写的哪一种情景相似呢？

生：小瓜苗。

师：为什么这样理解？说说理由。

生：小瓜苗只能活几天，而大闸蟹被砍了以后就不能活多久了。

师：还有类似的所见所闻吗？

生：我奶奶杀鸭子时，先把鸭的头砍下来，有时候，鸭子被砍了头居然能跑。

（众人笑翻）

师：这太恐怖了！不过，确实说明鸭子的生命力强。今天我们读了文章以后，你对杀鸭子这一事件可能有新的感受，是不是？鸭子的生命很顽强。你见到的是在极恐怖状态下体现出的顽强，还有没有其他状态下的生命？

生：鱼的内脏被挖出来之后，居然还在跳动。

师：好的，你的生活经验很丰富。我们看看作家到底是怎么写的。齐读第1、2段，并用波浪线标记那些表达强烈的生命感受的句子。

（生齐读）

师：读得非常有感情，并且把握了节奏，非常了不起。文中写到的生命感受是什么？你标记出的句子是哪些？

生：“但它鼓动双翅……那样鲜明！”

生：“飞蛾那种求生欲望……放了它。”

师：请大家在“震惊”下面打两个小圈圈。齐读此处标记的句子。

（生齐读）

师：读得很好！大家看，作家首先写生命，写到的是我们没有想到的一只飞蛾。为什么选择一个小小的飞蛾子？它既算不上漂亮，也算不上强大。这种选择，令你有什么感受呢？

生：虽然飞蛾弱小，但是它不放弃，越小越不放弃。

生：热爱生命，用挣扎的方式表示热爱。

生：就算最小的动物也是生命，它也只有一条生命。

（掌声）

师：哦，连飞蛾都热爱生命，在这一段中表现着它的挣扎。再次齐读。

（生齐读）

师：语言表达就像玩魔方一样。看看这两句话，想想表达的意思到底有什么不同？

课件展示：

我感到一股生命的力量在我手中跃动，那样强烈！那样鲜明！

我感到一股强烈而鲜明的生命力量在我手中跃动！

师：单从表达意思这一层，这两句话有不同吗？

生：都说明飞蛾很不愿意失去自己的生命。

生：第一句表现的情感相当强烈，它还用了两个关联词，那样……那样……

师：飞蛾，几乎天天都可以看到，有什么好“震惊”的？我觉得“震撼”这个词貌似不妥。下面，请按照老师刚才的方法，自学第3段，找出一个或几个关键词。

（生自学）

师：我们交流一下吧，我请一个没有举手的来交流，最后一排穿白色衣服的男同学，好惨呀！被我叫了。

（笑声响起）

生：香瓜子。

师：香瓜子、小瓜苗，都行，它们处于同一生命的不同阶段。哦，这就是对生命的所有感慨吗？让我们齐读两句吧！

（生齐读）

师：这里有一个词，表达了他看到小瓜苗的强烈感受。

生："竟"。

师：跟其相似的还有……

生："竟然"。

师：你觉得在什么情景下，才会用"竟""竟然"呢？

生：有强烈的感受。

师：什么情况用这个词最为准确？

生：惊讶。

生：不可思议。

生：没有想过，意想不到。

师：你的词语很丰富！

生：出乎意料！

师：香瓜子变成小苗，为什么让它有这么大的惊讶？生命的哪一种禀赋让它如此吃惊？

生：瓜苗坚强的意志力。

师：瓜苗没有意志力呀！

生：它没有阳光，没有泥土，但生命顽强！

师：中间需要休息了吧！我们唱首歌吧！将《春天在哪里》改成《生命在哪里》，因为这首歌中有太多生命的东西。

生（齐唱）："生命在哪里呀，生命在哪里……"

（学生在歌声中结束第一课时）

第二课时

一、承上启下

师：上节课我们学了前面 3 段，我们先齐读。

（师生齐读后，据学生情况，师总结）

师：想想看，第 2、3 段分别表达了一种怎样强烈的生命感受？

生：第 2 段描写了西瓜子，表达出生命的美好。

生：第 3 段描写了西瓜子，表达出生命的顽强。

师：你看看，前面分别描写了动物与植物这两种不同的生命物种。接下来要写什么？

生：人。

师：我问你，你曾听过自己的心跳吗？你听心跳时有什么特别的感觉吗？

生：我仿佛感受到我的生命在跳动，在持续。

师：在持续，在跳动。心不跳，就完了。生命太神奇了，是吧？

生：有时缓慢，有时快速。

师：你的心跳是随着你的情绪变化的，是吗？

生：我觉得生命就像跳绳一样。

生：我的心跳是沉稳的。

师：你为什么对“沉稳”有这么强的感觉？

生：沉稳的心跳，代表着生命沉稳。

生：我听到心跳就像一台机器，不断地跳着。

师：有一句话让我特别地不理解，心跳怎么会让我“震撼”？

生：有心跳，意味着我活着。

师：哦，这很踏实，凭什么震撼？

生：只要有生命，心跳就一直持续着。但总有一天，心跳都会停止。

师：很深沉。当人类意识到死亡降临的时候，会珍惜生命的伟大。

二、对比品味

师：有一句话让我很不理解："那一声声沉稳而有规律的跳动，给我极大的震撼。""震撼"和"震惊"有多大的区别呀？

生：都是一样的意思，是说"很惊奇"的意思。

生：我觉得不一样。"震撼"比"震惊"更强烈。

师：你什么时候震撼过？

生：反差特别大的时候，叫震撼。

师：震撼是极度震惊，是持久的。你什么时候震撼过？谁能用"震撼"造句？

生：如果突然没有心跳了，会感到震撼。

生：如果一个学生平时总是迟到，突然有一天不迟到，就会感到震撼。

生：如果一个学生平时总是考第一名，突然考到最后几名，就会感到震撼。

师：那也"震撼"呀？我觉得同学们的思维都在学校，能不能把思维发散一下。

生：我本来以为海是无边无际的，去北海，才发现那里的海不是无边无际的。我很震惊。

生：有一次我在网上看到一只螃蟹抽烟，觉得很震惊。

师：哦，那有悖生活逻辑。

生：有一次我去迪拜旅游，800 多米的高楼几秒钟就到顶了。

师：哦，那种速度让你很震撼。

师：作者为什么会因心跳而震撼？

生：这就是自己的生命，单单属于作者自己的。

师：这个生命只属于他自己，不属于他人，不属于他爸爸，不属于他妈妈，也不属于他的孪生兄弟，只属于他自己。

生：心跳是有规律的。

生：作者听到自己的心跳，就觉得要对心跳负责。

师：不要辜负了心跳，是吗？还要跳几十年。

（生笑）

生：作者就这样感受到最沉稳的生命。

三、理解“我”之独特

师：我们再把这个问题往深处说说，挑战你们的理解力。“我”作为生命与小瓜苗作为生命，这两者之间有区别没有？

生：小瓜苗没有泥土也能顽强成长，“我”要吸收营养才能生长。

生：香瓜子没有心跳，“我”有心跳。

生：“我”可以长高，香瓜子不能。

生：“我”可以糟蹋香瓜子，但香瓜子不能糟蹋我。

师：呵呵，我觉得你好可怕，为什么要糟蹋啊？我们可以讲话，香瓜子可以吗？

生：人有思想，香瓜子没有。

师：你像发现新大陆的哥伦布呀！

生：我们可以选择生命，但香瓜子不能。

师：我们的生命有意义，香瓜子的生命没有意义。生命的意义，全是我们人类赋予的。让我们一起读一读这一段。

（生齐读）

师：请把最后两个字打上圈圈。

生：香瓜子不能选择自己的生命，人可以为自己的生命负责。

师：你还在想这个问题呀，你可以获得并列第一名！这样的问题你们都能想，小小哲学家都藏在这里不作声哪！你看看，飞蛾让我们看到了生命的“美好”，香瓜子让我们看到了“顽强”，“我的心跳”让我们知道了要对生命“负责”。

（板书：美好　顽强与负责）

四、文本比照

师：这篇文章的作者是……

生：杏林子。

师：其实啊，这篇文章选入教材时是经过修改的。课前我发下来一张纸，那是作者的原文，我想将课文和原文比较，看看哪种版本的更好。大家挑战自己，有这个信心没有？

生（稀稀拉拉地说）：有信心。

师：这么没信心啊！有信心吗？

生（自信地说）：有。

师：你们看，“我常常想，生命是什么呢？”这一句，编者将它放在最前面；书上改了，你觉得哪种好？

生：我喜欢编者改的，这更加适合我们小孩子读。

师：你讲出道理了，喜欢你回答问题的方式。

生：我喜欢改了之后的课文。因为，作者一开始就引入问题，让我们知道他到底要讲什么。

师：有没有说原文好的？

生：修改有好的，也有不好的。好的是在做总结，不好的是好的词句没写上去。

师：我喜欢你分析问题的方法，有好处也有坏处。

生：我喜欢原文，设问放在那里，既引起下文，又承接上文。

生：改的好些。文章先总起，且设问入题。

生：改得好。读者不禁想读，引人入胜。

生：我觉得还是不改的原文好。作者的文章最好不要随意改。

师：注意看几个词句。原文中的“飞来旋去”改成了现在的“飞来飞去”，你觉得好还是不好？

生：还是“旋”好，旋是转圈。灯光下的飞蛾，正是旋着的。

生：“飞”能让人明白。

生：“飞”还不足以让作者感到烦。

师：她这个发言很有质量，特别是联系了上下文。

生：我觉得“旋”好。第一，体现了它在头顶打转地飞，二是真正体现了骚扰。

师：去掉了原文“我原想弄死它”可不可以？为什么？

生：不好，“弄死它”不是书面语。

生：前面不写“弄死它”后面就不存在“放了它”。

师：我只是选取几个例子，让大家回去对比两种版本。

五、理解升华

师：我在这里再打开几张图片，你们看，悉尼歌剧院、《唐诗三百首》和雷锋铜像，它们有没有生命？

（出示相关图片）

生：我觉得有生命，这是一种“精神”的生命。

师：雷锋雕塑有生命，是因为有精神生命。

生：我觉得没有生命。

生：我觉得有生命。虽然雷锋离我们远去了，但他的精神不灭。

师：那么，《唐诗三百首》有生命吗？有吧。这种生命叫艺术生命。雷锋精神，是一种精神传递；李白的艺术生命永远长存。

师：我们齐读最后一段。

（生齐读最后一段）

师：“有限”的生命指什么？“无限”的生命是指什么？

生：有限的是生命的肉体，无限的是生命的精神。

师：我们的生命是有限的，怎么理解它又是无限的？时间上有限，有固定的长度，是吗？眼睛看到的相当有限吗？鼻子闻到的也相当有限，这就是生命的有限性。然而，这只是生命的肉体，无限的生命是包括一切创造性的精神、艺术。读最后一段，看你怎么理解有限？

生：时间是固定的，而不是永久的。

师：人的能力有限吗？有限。我们能不能用自己的生命创造无限的价值呢？

生：能！

师：回头说说，文章标题为什么两次用生命？

生：可能指肉体与精神两种生命。

生：连用两次，给我的联想就是充满发现与惊喜。

师：下课铃响了，你们要去食堂吃饭吧。快点去，再见。

五、名师点评

点亮心灵的灯盏

——评《生命　生命》的教学

史金霞

黄耀红先生，一个教育学博士、杂志主编竟然去小学，给四年级的小学生上语文课。他会怎么上？当黄老师说过几天给我看这个课堂实录时，我就开始期待了。实录呈现，果然，不一样的精彩。这是一堂丰满的课，有宽度，有厚度，有深度，有温度，春风拂人，熨帖饱满。这是一堂盈裕的课，如一幅画，优美；像一首歌，婉转；似一眼泉，活泼。这是一堂成熟的课，眼中有人，心中有爱，手中有法，课堂有节奏。

聊聊生命：就这样，展开画卷

诚如黄老师所言，生命这个话题，“有点大”。

四年级的孩子，即便会有人思考过，也多半是一种自发的生命意识。

不得不佩服黄老师的睿智："到底有没有关于生命的感觉，我先测试测试。"

这个小关卡，是一种激励，一个按钮，一触即发，激活思维与情感。我们可以想象得出，十来岁的孩子，心中该是多么新奇地渴望参与这个"测试"。

而这是一个多么绚烂的测试啊！——让孩子随意选择一支彩色粉笔，去写"生命"这两个字，只需要说出自己选这种颜色是什么理由。

于是，苍白的"生命"二字，瞬间便有了色彩！

于是，"生命"的零感觉，插上了想象的翅膀，灵感的光芒照亮孩子的心。

于是，和平、希望、热情、爱、鲜艳、宽广、纯洁……这些美好的生命感觉，扑面而来！

于是，黄老师不失时机地说道："我们再往深处聊聊吧……"

深入的聊天中，孩子们描述的一个个具体画面，经黄老师轻轻一点，便升华出生命的意义：从生命的开始到生命的结束，从植物到动物再到人物。

黄老师是个好船长，这一艘名为"生命"的航船，在他的引领下，向青草更青处漫溯。

品味生命：点亮心灵的灯盏

一个好的教师，心里必然要装着学生。

这学生，不是一个名词，不是想象出来的概念，而是一个个具体的鲜活的实在可感的人。

小学四年级的学生，学习语文，应该注意什么？

通过实录，可以看出，即使只是去客串一篇课文的教学，黄老师也是极为认真地按照一个小学语文教师的要求来备课的。

无论是导入的设计，还是“导读课文”时，对字音、字形的关注，还是“对比品味”时对关键词句的鉴赏涵泳，他的课堂可谓脚踏实地，一丝不苟。我想，即使是一个挑剔的小学语文教师来看这堂课，也不会说：“他哪里考虑我们小学的学情呢？”可是，即使是我，一个高中语文教师来看这堂课，也不禁要感叹：“这是一堂多么有分量的语文课啊！”

因为，一个好教师，会从学生出发，但不会以取悦学生为目的，课堂犹如一个开口向上的抛物线，其生长的无限可能性，是吸引人的，也是振奋人的。

课堂上，师生将文本层层剥笋，却不拘囿于文本，对“生命感受”的体味，对“我之独特性”的分析，对“文本比照”的探究，所有这些，都使课堂充满了张力。毫不夸张地说，这任何一点，都敲击着孩子的心灵，滴答滴答滴答，生命在发芽，滴答滴答滴答，有几朵花儿在笑啦……

难道不是吗？有多少小学教师，会意识到，要将教材中的课文还原呢？更不用说，还原之后，还让学生对照比较，各抒己见，分析优劣。而教师，只在其中做一个穿针引线的人，除了归纳一下孩子们比较分析的方法，肯定一下孩子独立思考的意识之外（注意，他不但开启思考之门，还传授学习之法），竟然成功地克制住自己的表达欲望，不暗示，不定论，静静地把课堂之精彩，留给孩子们。甚至在最后，不过说一句：“我只是选取几个例子，让大家回去对比两种版本。”课堂结束的地方，思考还在继续向前，多么高明！

要知道，这可是一个满腹经纶的教育博士啊，他落笔千言文不加点，他开坛论道滔滔不绝，他引经据典上下古今……可是，在课堂上，他却如此内敛、沉静。所谓，优雅的人，一定很谦卑，谦卑的人，一定很有爱。

关爱生命：对每一朵花微笑

我愿意从理性思考，我喜欢从感性观察。

理性，告诉我们真，而感性，展示给我们美。有求真的勇气，有爱美之心，才能使善得到更多更好的土壤。

观察这一个课堂，也是如此。

我既看到黄耀红先生作为一个教师的自觉理性、成熟风范，也注意到了，他作为一个具有人文情怀的学者，所拥有的理想情怀、人性关怀。

开课伊始，将“上课”置换为“聊天”，顿时消散了孩子们的紧张拘束；一节课终了，把“下课”叫作“休息”，共唱改编的儿歌，已经亲近如一家；而最后那句“下课铃响了，你们要去食堂吃饭吧。快点去，再见”则俨然是一位慈祥的父亲，对着自己的小儿女，喁喁切切而又依依……这些小细节，看似是术，其实合于道，这个道，就是爱。

再去细看呢，对每一个回答问题的孩子，都没有为了鼓动气氛而实施虚假的夸张的应付式的赞美，所付出的，都是发自内心的关切，是悉心聆听后，才能得出的评点，才得以产生的对话。

对生命的尊重之意、关爱之情，便这样，在一言一行、一点一滴中，流淌出来。这本身，就是最好的教材，最好的教育。

我没有亲聆授课，但是，我可以想象出，黄耀红老师在课堂上，是怎样对每一朵花微笑的，我同样也能想象出，在黄耀红老师的课堂上，孩子们的眼睛是怎样闪闪放光的，脸庞是怎样熠熠生辉的。

因为，心灵的灯盏，已点亮，师生彼此辉映，这是最迷人的生命景象。

第十五课

教材重构

——《月光曲》课例研究

一、复述

师：今天我们学习的这篇文章，叫《月光曲》，是一首以钢琴弹奏的世界经典名曲。名曲，该让我们用耳朵来听啊，可是，摆在我们面前的却是无声的文字，是一篇文章。我们先来猜一猜，这篇文章可能会写到什么？

生：我觉得《月光曲》应该是写这首曲子是怎么创作的。

师：同意这个意见吗？

生：同意。

师：那还有没有别的可写？后排那位男同学。

生：我觉得它会描述月亮缓缓升起的样子。

师：题目叫“月光曲”，应当会写到月光。

生：我觉得是一个关于《月光曲》的故事。

师：刚才这几位同学都讲得好。如果想要跟爸爸妈妈或者其他人讲一讲《月光曲》这个故事，我们会不会用自己的话来讲述？现在，我给大家一点提示，然后大家把书打开，我们先来复述这个故事。屏幕上显示了我提示的信息，一起看看。

课件展示：

幽静的小路—断续的琴声—失明的姑娘—微弱的烛光—清幽的月光—美妙的琴声

师：现在我们把书打开，在书上将这些信息标记一下，然后准备用自己的话复述。

（生自读，师巡视）

师：第一个来讲这个故事的会是谁？注意，不要背文章，用自己的话来讲就可以了。

（生举手）

师：大家都把书扣在桌上，听他来说说。他是第一个，我们给他一点儿掌声鼓励。

生：一天晚上，贝多芬走在幽静的小路上，听见了断续的琴声，他走进一所茅屋，借着微弱的烛光，看见一个失明的姑娘。一阵风吹来，蜡烛灭了，贝多芬借着清幽的月光，弹出了一首曲子。

师：《月光曲》是一首曲子吗？

生：贝多芬后来飞快地跑回客栈，把这首曲子写下来了，就是《月光曲》。

师：你是第一个说的，说成这样子很不错了。请坐下。但是他还有很多细节没有用自己的话说，还有没有说得更精彩的？

（生举手）

师：好，后面那位男同学说。

生：一天，贝多芬在幽静的小路上听见了断续的琴声，他走近一看，看见了一所茅屋，茅屋里有个失明的姑娘。他走进屋，弹琴给这位姑娘听，一阵风吹过，把烛光给熄灭了。借着轻柔的月光，从钢琴中飘出了美妙的琴声。姑娘陶醉其中，等她回过神时，贝多芬已经回到客栈，花了一夜的工夫，把这首曲子写成了一首鸣奏曲。

师：跟上一位同学相比，他说到了更多的细节，比如说茅草屋、比如说蜡烛熄灭了，这很不错。但是，大家不要太拘泥于我的提示信息，让复述变成像连句一样，这不好。还有哪位同学说说看？

生：德国有一位音乐家，名叫贝多芬，他被世人称为“乐圣”。他创作的一首《月光曲》，传说是这样谱成的。有一次，贝多芬在各地巡回演出，他来到莱茵河的一条小路上散步，听见断续的琴声。他很好奇，看见一所茅草屋，里面有一个姑娘在弹琴。这位姑娘弹得并不是很好，她只是听别人弹过几遍。她很想听贝多芬自己弹一首，但是入场券太贵了，他们又太穷了。贝多芬心生同情，走进了茅草屋，为姑娘弹奏了一首曲子，姑娘听出他弹得很纯熟。贝多芬借着清幽的月光，旁边又有一位知音，所以弹出了一首曲子，等那位姑娘从陶醉中醒来时，贝多芬已跑进客店，把那首曲子记录了下来。这就是《月光曲》。

（生掌声）

二、分角色朗读

师：如果继续往下说，相信会说得更好。以后我们再练习这样的复述，要学会把故事讲得绘声绘色。现在，我们看这个故事的开场，文中有一个词，叫“幽静”。你们找到这个词，标记一下。“幽静”这个词，会让你想起哪些场景，哪些画面？

生：会让我想起那种特别安静的乡间小路。

生：我想起路边上空无一人。

师：也不一定是乡间小路，凡空无一人处都是幽静的地方。

生：我觉得是很孤独的样子。

师：嗯，你很特别，不容易。看看，他们都是想外在的氛围，你想的是内心的感觉。幽静，是很容易让人产生孤独感。

师：其实，要表达环境幽静，不能就是说幽静。越是幽静的环境里，越是能够听到声音。现在，我们一起看第3段，在幽静小路上散步的时候，贝多芬可以听到两兄妹在家说话的声音。想想啊，如果不够幽静的话，能听得清他们的谈话内容吗？听得如此清晰，显然是特别幽静。“幽”字外面是个山字，就像安静的山间一样。我们现在来分角色读第3段：兄妹之间的对话。

找一个男同学读“哥哥”，再找一个女同学来读“小姑娘”，其他叙述性的句子，由我来读。谁来扮演哥哥？

（男生举手）

师：谁来扮演比他更小的妹妹？

（女生举手。女生比男生高，师生笑了。师生分角色朗读第3段）

三、讨论

师：下面我们分小组讨论一个问题：故事里写到的这个家庭给你怎样的印象？你从这个家庭里发现了什么不同寻常的东西？讨论时，请学会找到依据来支持自己的观点。

（生讨论）

师：好。我再重申发言的方法。先说这个家给你的印象，再说你所持的依据。

（师巡视）

师：哪一组同学先来说？

生：我觉得贝多芬是善良的，我从第5段发现了。

师：慢一点，我没有问你对贝多芬的印象，我是问你对这个家庭的看法。

生：我觉得这个家庭是比较贫穷的，因为第4段说了：在微弱的烛光下，男的正在做皮鞋，窗前有架旧钢琴。这里说了“微弱”的烛光，别人家是有灯的，他们家用不起电灯，只有蜡烛。而且他们家买不起新钢琴，只能用旧钢琴。

师：你有观点，还找到了依据，这个答问的方法很好。但是你说家里照不起电灯，这个故事发生在1801年，是两百多年前的事儿。电灯最早是1879年才由爱迪生发明。你说旧钢琴，那个“旧”字抓得很好。

生：我发现哥哥比较勤劳，哥哥晚上还在做皮鞋。他的妹妹已经失明了，要照顾他的妹妹，还要靠做皮鞋来养活一家。

师：你的发现很不错！这是一个很勤劳的家庭，住着相依为命的两兄妹。

生：我觉得这个家庭是有爱的。妹妹很能体谅哥哥，哥哥也会替妹妹着想。你看，妹妹其实非常想去听贝多芬的音乐会，可是，她体谅哥哥，所以说："只是随便说说，算了。"哥哥知道妹妹非常想去，所以他非常着急。

师：这要给她一点掌声。她的心理非常敏感，所以特别有发现力。妹妹怕哥哥伤心，她说："你不要太着急。"清贫、勤劳之外，这个家还是很有爱的。那还有其他发现吗？

生：我发现这个家庭非常热爱音乐。因为这三段文字都透露出妹妹非常爱音乐，哥哥也想去听音乐会，只不过是因为家里太穷，去不了。

师：太好了！要给他掌声。

（掌声）

师：我可不可以这样说：这个家是贫穷的、勤劳的；是有爱的，还是爱美的。一般的贵族，家境富有，他们喜欢音乐、喜欢艺术，可能还不是太让人感到奇怪。但是这个家家境清贫，还如此喜欢艺术，这就让我们生出一种敬意。我们也看过一些贫穷的家庭，家徒四壁的那种，我们会不会看到那里面还有一台旧钢琴？可能会看不到。我这里有一张中国贫困家庭的照片。

师：这张照片有什么地方打动你吗？是的，这个家很清贫，但和我们刚才说的一样，它又不仅仅是清贫。如果要给这张照片取一个标题，你觉得取个什么题目，才能表达你内心的感受？这是一个比我们还小的孩子，他在一张椅子上面写作业。书籍可能让我们想起刚才这个很穷的家里面还有一台旧钢琴。这两者之间的道理是相通的，是不是？那照片叫什么好呢？

生：我觉得可以叫"'凿'壁借光"，不过，"凿"字要打个引号。

师：凿壁借光？还行。不过，会让人想到古代的成语故事。你想得快，有没有想得更好的？

生：我取的标题叫“小巷里的儿童”。

师：儿童这个对象抓住了，可是，你这个标题还没有传递那种贫穷中带有希望的感觉。

生：我想的标题是“自力更生”。

师：比他那个好，但是是不是还可以含蓄一点？

生：我取的是“贫穷的孩子爱学习”。

师：朴素而直白，还有富有诗意的吗？

生：我取的标题是“假如有一张书桌”。

师：好！给她一点掌声。终于等到了好标题了。

生：我取的是“知识为母”。我猜他的父母出去打工了，爷爷奶奶带着他。所以他就要学知识，以知识为母，然后再走出大山。

师：给她掌声！他母亲外出了，所以他以知识为母，想得好。

生：我取的是“墙缝中透出的一束光”。

师：好好好！这一束光是大自然的光，也是知识、人文、智慧的光。

生：我取的是“读书不分高低贵贱”。

师：对是对的，就是有点像讲大道理。没有“一束光”那么打动我。

生：我取的是“沙漠里的一朵花”。

师：“一朵花”是好的，但“沙漠”的所指似乎不明确。喜欢你用“花”这个意象。

生：我又换了一个，“笨鸟先飞”。

师：哈哈，跟你自己比，比之前好一些了。其实，刚才我们说这个图的意思，是想告诉大家：穷并不是理由，有爱，有艺术，就会让这个家庭明亮起来。现在如果我们将这个故事搬到舞台上去表演，当然要很多道具。有个道具可能被忽略，但它必不可少。一起看看这个道具（蜡烛）。想想为什么它不可少？你看文章里有几个地方写到了蜡烛？请把写蜡烛的地方标记一下。标记以后，想想：你觉得这个故事里面反复写到的蜡烛，有没有用意。也就是讲：怎样看待这支蜡烛的作用？

生：我觉得蜡烛的作用是在照亮兄妹的内心。

师：这是你的理解。肯定还有更多理解。

生：我觉得这根蜡烛有两个作用。一个作用是能够在黑暗中照亮我们的心灵。

师：嗯，它有象征的意味。

生：还有一个作用就是制造一种贫穷的气氛。

师：制造贫穷的气氛？那你生日的时候点蜡烛也是制造贫穷的气氛？

（生哄笑）

师：不要笑，他刚才有一个讲得很好的词，叫“气氛”。但我觉得不是“贫穷”的气氛，而应该是什么样的气氛？

生：我觉得可能是一种友爱的气氛。

师：还有别的答案吗？

生：很温馨的氛围。

生：还有一种积极向上的气氛。

师：蜡烛积极向上？我还没有跟上你的思维。

生：我觉得是一种优雅宁静的气氛。

师：太好了！这个女同学每次发言都有点不一样。我们再给她一点掌声。

生：我觉得是一种自强不息的气氛，因为蜡烛也想用自己微弱的光照亮整个黑暗。

师：你讲得好。不过，等会儿这蜡烛被风吹灭了，还能说明其“自强不息”吗？不要那么急于说它的象征。

生：我觉得蜡烛是一个线索。

师：对！它是一个线索。它开始是亮着的，后来又说风把它吹灭了。这就表示情节在向前面推动。这一种光熄灭了，会引来另外一种光，那是什么光？

生：月光！

师：因为写到这里，文章还一直没有写到月光。“灭烛怜光满。”它想用烛光来铺垫月光。

生：我觉得这个蜡烛还照亮了皮鞋匠兄妹俩对音乐的向往。

（生鼓掌）

师：你这个叫总结陈词呀。它照亮了他们对未来、对艺术、对音乐的向往。你这是从价值上来理解的，我刚刚是从结构上去理解的。其实，烛光还有一个重要作用，它跟盲姑娘也有关系。有什么关系呢？蜡烛熄灭时，我们眼前是一片黑的。对于那个盲姑娘来说呢？

生：蜡烛熄灭后，就会变成黑暗，就会让那个姑娘想到……

师：盲姑娘知道蜡烛熄灭吗？

生：应当是不知道的。

师：还是需要你来说。（前面那个想法独特的女生）

生：我觉得因为贝多芬的音乐很动听。蜡烛虽然灭了，但是盲姑娘心中的“蜡烛”却被点亮了。

（生掌声）

四、细读

师：果然不一样！是我们的“一样”，衬托了你的“不一样”。现在终于写到《月光曲》了。对会弹钢琴的人来说，弹一曲《月光曲》并不太难。如果我们用手机去录一首《月光曲》给别人听，那也很容易。但是我们要用文字去写《月光曲》，真的是太难了。我们设身处地为作者想想，难在哪里？

生：我觉得难就难在曲子很长，你要把它记下来，还要把它写下来。

师：那不是记谱的问题。写《月光曲》也不是写谱子，而是要把谱子里的音乐转化为文字，这点难在哪里？

生：他要用音乐来表达感情，还要用文字来表达。

师：听音乐的感受要用文字来表达，有什么好办法来解决这个困难？

生：我觉得可以用月光下的景色来表达听《月光曲》的感受。

师：用一种很形象的东西去描写乐曲带给你的感受，把乐曲化为很形象的画面。是不是这样？

生：我跟他一样，《月光曲》当然要写月亮升起的画面。

生：我觉得可以用触景生情的方法。

师：我现在触的不是“景”，我触到的是“音乐”。那就是触音乐生画面。

生：我觉得是音乐能触到心。每个人都有自己的感受，要的是每个人自己心里的画面。

（生掌声）

师：对，要的是她心里的画面。我们现在来读“皮鞋匠静静地听着……”这段。这一段文字是写《月光曲》带给作者的形象感受，我请一个同学来读一读。其他同学来想一想：这个感受里有几幅画面？能不能大概分一分？请还没有举手的同学来读。

（生读）

师：虽然没有举手，但是读得非常好！我相信还有同学跟他读得一样好。现在同学们自己读一读这一段。这一首《月光曲》，在文字里都转化为大自然的意象。这里有大海、有月光、有海风、有海浪。那我们把写大海、写海风的句子悄悄地找出来，标记上。

（生十分投入地读文）

师：刚才同学们读得特别认真。请看，我找了两张图片（课件展示）。刚才这一段写的大概是大海和月亮的情景，是如何变化的？我们把关键的句子找出来说说。我先举个例子。比如开始，文章写的是……

生：水天相接。

师：第一个画面就是水天相接。我们按照这个方法接着往下找。接下来是哪个词？

生：微波粼粼。

师：这个“粼”字我写错了吗？

（生上台纠正）

师：微波粼粼后面是什么？

生：波涛汹涌。

师：还有对风的描写啊？

生：卷起巨浪。

师：还有写海浪的是什么？

生：雪浪。

师：为什么是雪浪？

（生小声讨论）

生：月亮是银色的，照到了海面上，所以浪花是雪亮的。

课件展示：

月光曲

水天相接［辽阔］

微波粼粼［安静］

刮起大风［激越］

卷起巨浪［壮观］

雪浪涌过

师：海面，月光，风，这是真的吗？这个情景是真的发生了吗？

这是她听到贝多芬这个曲子后……

生：想象的。

师：这样的月光，这样变化的大海，我们一起把这个地方读一读。

（师生声情并茂地齐声朗读：月亮正从水天相接的地方升起来。微波粼粼的海面上，霎时间洒满了银光。月亮越升越高，穿过一缕一缕轻纱似的微云。忽而，海面上刮起了大风，卷起了巨浪。被月光照得雪亮的浪花，一个连一个朝着岸边涌过来……）

师：读得不错！这里你看到的是月亮、大海、海风、波浪……你根据这个文字猜一猜，贝多芬弹奏这首钢琴曲时候，旋律是怎样变化的？

生：这首《月光曲》首先给人的感觉是特别轻柔，到最后的时候特别的强烈。

师：你讲得比较概括。我们一个个来吧！水天相接的时候给人的感觉是什么？

生：柔美。

生：平缓。

师：水平如镜是平缓，但是"水天相接"则很辽阔。

（板书：辽阔）

师：微波粼粼呢？

生：柔和。

师：柔和、安静都可以。这些词都不是唯一的，只是帮助大家理解。那"刮起了大风、卷起了巨浪"，这说明音乐变得怎样了？

生：激昂。

生：激越。

（板书：激昂　激越）

师：那最后整个雪浪都在奔涌，跟前面的"辽阔"比起来，这里简直是非常……

生：壮观！

（板书：壮观）

师：这就是《月光曲》。我们不是用耳朵听到的，而是用眼睛和心灵感受到的。现在我们是不是要听一听这首名曲？我们来欣赏《月光曲》音乐。

（生欣赏《月光曲》片段）

师：我们听的是其中一段。现在，我们配着乐曲，来朗读这一段。

（生配乐朗读）

师：作者写了一个细节，是盲姑娘的："月光正照在她那恬静的脸上，照着她睁得大大的眼睛。"为什么要给盲姑娘一个镜头？给她一个特写？我很奇怪、很纳闷，她看不见，为什么还睁着大大的眼睛？这能说明什么？

生：我觉得这表达了贝多芬弹琴的技艺非常高超。

师：从一个侧面说他琴弹得好。

生：贝多芬这首《月光曲》把妹妹心中的蜡烛"点亮"了。

师：哇！你联想到了前面，有诗意的想法。

生：虽然这个姑娘双眼失明了，但是她能用心去感受音乐。

师：音乐让她的眼睛明亮起来。

生：我觉得盲姑娘虽然看不见外面那绚丽多彩的世界，但是贝多芬用音乐给她描述了外面的世界是多么精彩。

师：她眼睛盲了，关闭了一个世界，但音乐为她打开了另一个世界。

五、拓展

师：贝多芬的《月光曲》是为谁创作的？按照课文的说法，贝多芬这首乐曲是为了盲姑娘和这个贫困的家庭创作的。贝多芬主动为盲姑娘创作了一首音乐作品。我想听听你们对贝多芬的评价是什么?

生：我觉得贝多芬是个善解人意的人。因为他知道这个姑娘家很穷苦，所以专门为他们弹了两首曲子。

师：那你觉得艺术是产生于同情吗?

（生摇头）

师：那你换个说法。

生：我觉得贝多芬看到这个姑娘也很喜欢音乐，所以就为她弹了一首曲子。

师：他想成就她的梦想。好，再听听其他同学的看法。

生：我觉得有他一颗善于发现的心灵。

师：他善于发现，还善于理解。刚才讲到同情，我们把同情上升到一个更高的境界。比同情更高的境界是“爱”。两兄妹之间，有爱；贝多芬对陌生的兄妹，也有爱。那不是亲情间的爱，而是一种更广泛、更博大的爱。我想，好的艺术产生于哪里呢？刚才有同学说产生于心灵，我觉得它来自心底的爱。皮鞋匠的家，那么穷，那么艰辛，却那么爱音乐之美。这种气质就打动了贝多芬。所以说艺术产生于爱，还产生于美，也产生于梦想。

师：说到这里，你一定被贝多芬的故事感动了。但是，我现在要告诉你贝多芬的真实情况。一起看看真相是什么。

课件展示：

贝多芬（1770—1827），生于德国波恩，世界音乐史上最伟大的作曲家之一，被尊称为“乐圣”“交响乐之王”。17岁到维也纳，见到莫扎特。22岁，师从海顿，定居维也纳。26岁开始耳聋，30岁爱上16岁少女朱丽叶，后失恋，后创作《月光曲》。他将古典主义音乐推向高峰。

师：你们现在11岁，贝多芬比你们大一点点的时候，就成为宫廷皇家钢琴家……后来耳朵几近全聋了。要是我变成一个聋人，对世界没有影响。但是贝多芬是一个天才、一个钢琴大师，他最需要的就是……

生：耳朵。

师：但是上帝偏偏让他耳朵全聋了。更要命的是就在这一年他失恋了。他爱上了一个跟他学钢琴的16岁姑娘……这个时候他耳朵失聪，内心失恋。你想想，这对他的人生是不是致命的打击？一般人都在这种痛苦里沉沦，但是他用音乐拯救了自己。他把这个钢琴曲弹出来的时候，真正要献给的是这个人——朱丽叶，他的爱人。

课件展示：

《月光曲》真正的来历

《月光曲》，原名《升C小调第十四号钢琴奏鸣曲》，创作于1801年。

其时，贝多芬正遭遇难以想象的生命痛苦，不仅恋爱失败，而且双耳失聪。

他深爱的那个姑娘，叫朱丽叶·圭查蒂，一个比他小14岁的美少女。朱丽叶也深爱着贝多芬，一直跟着他学习钢琴。然而，她是伯爵的女儿，家庭门第的巨大悬殊令这对情侣被迫分手。

这首钢琴曲，是献给朱丽叶的。这支奏鸣曲，分三个乐章。第一乐章是慢板，柔和而舒缓的旋律，如同叹息与忧伤。第二乐章是快板。轻快而短小的旋律，交织着回忆与憧憬。第三乐章是急板。急风暴雨般的旋律如同内心的愤懑与高昂的斗志。

德国诗人路德维希·莱尔斯塔勃说："听了这首作品的第一乐章，使我想起了瑞士的琉森湖，以及湖面上荡漾的皎洁月光。"

这个评价令出版商喜出望外。他们马上将乐曲命名为《月光曲》，并且还杜撰了一个美丽而动人的"故事"。

师：你们是不是有点失望？现在大家把书都盖上。我非常喜欢独立思考的同学。本来《月光曲》是写给他的爱人朱丽叶的，现在出版商编了这样的一个故事。你能不能接受这样一种“杜撰”？告诉我为什么？我喜欢听每个人独立的看法。不要管别人的理解，只要管自己就 OK。我看谁第一个表达他真实的声音。不要紧，每一种声音都要被聆听。

生：我觉得，我不能接受。因为我觉得想象终究是想象。

师：你是认为像这样的故事不要去有想象的成分，要真实才是最美的。这是第一种见解。

生：我也是不能接受的。如果我是贝多芬，我会觉得这个商业炒作亵渎了我纯真的爱情。

（掌声）

师：所有人都不能接受吗？

生：我觉得可以接受。因为，这是文学作品，可以有想象。

生：我觉得这个故事，本身也是一种正能量。读了以后，还是很感动的。

师：从出版商角度来讲，他让社会有更多的关注力，让贝多芬获得更多的认同，让自己追求更大的效益。有些同学表示理解，有些同学表示不认同，都有道理，不要求非得一致。最要紧的是，对一件事有自己独立的看法。

（课间休息十分钟）

师：先给大家播一首歌，《最美的自己》。这首歌的词是我写的，你们听听，看喜不喜欢？喜欢哪一句？

生：我是世界唯一的唯一，我就做最美的自己。

生：还有另外一句：每片叶儿都有风雨的经历，每朵花都有盛开的花期。

师：“最美的自己”会是什么样子呢？我觉得有一个重要的指标，就是我们对任何事情都要有独立的判断能力。现在我请大家把书打开，再来挑战一下我们有没有独立的批判能力。大家看，既然是一个杜撰的故事，那有作者吗？

生：没有。

师：我没有找到署名的作者。我发现，这篇文章里有很多细节可以让我们质疑，很多细节都经不起我们提问。我现在举一个例子。比如说找到这一句：贝多芬听到这里，推开门，轻轻地走了进去。我想说，难道贝多芬是不请自入吗？按一般的生活习惯，去别人家里，会敲门，有礼貌地问一下："我可以进来吗？"但是这里没有。像这样的细节，在故事里还有很多。现在，考验大家的时候到了，把故事再看一遍帮我挑挑刺，有没有类似的细节存在？

（生默读）

生：课文说贝多芬要给小姑娘弹一首曲子，盲姑娘就直接起来给他让座了。一般情况下，有人闯进家里弹一首曲子，我们都不会直接给他让座，而是问他：来干什么的？

师：这个细节跟前面一脉相承。还有没有更多新发现？

生：这里说盲姑娘睁着大大的眼睛，但她是"盲"的呀！

生：但她还是有眼睛啊！

师：盲的也可以睁着大大的眼睛呀！这个没有问题。

生：请大家看第2段：他在一条幽静的小路上散步，听到断断续续的琴声，从一所茅屋里传出来。请问贝多芬怎么听到的？

师：怎么听到的？

生：他聋了呀！

师：那个时候的贝多芬已经聋了！对！太棒了！太牛了！我想，如果你把这个想法写成文章，杂志应当要发表这个看法。

生：这个盲姑娘弹琴，她不是看不到琴键的吗？

师：盲人可以弹琴，这个是可以有的。

生：贝多芬弹了一首又要弹一首，是不是过分了？

师：这个也没问题。你们再仔细看看，贝多芬弹完了后，盲姑娘说了一句什么话？我觉得那句话太奇葩了。她怎么说的？

生：她激动地说："您就是贝多芬先生吧！"我想知道，她怎么知道他是贝多芬先生的？

师：她居然肯定他就是贝多芬先生！

生：这个句子至少要加个"莫非"吧！

师：对！加一个"莫非"会好一点。问题是，这好像一个谜底，但盲姑娘早就知道答案了！

生：我觉得第7段也可以体现。贝多芬没有回答，他问盲姑娘："您爱听吗？我再给您弹一首吧！"这里贝多芬听不见，那他怎么知道盲姑娘知道他就是贝多芬先生呢？

师：嗯，他耳朵是有问题的。请你们再找找后面，我读到那个地方时，疑问特别大！

生：我觉得第10段，太夸张了！"兄妹俩被美妙的琴声陶醉了。等他们回过神来，贝多芬早已离开了茅屋。"这里我觉得太夸张！

师：那比酒醉还要醉啊！听一首钢琴曲，居然贝多芬离开了都还不知道。这太奇葩了！还有吗？我们给教材留点面子好不好？

生：不要给它留面子。

师：有一个地方，我比较奇怪！他们家是谁比较喜欢音乐？

生：妹妹。

师：但是贝多芬在弹这首曲子的时候，课文是怎么写的？

生：皮鞋匠……

师："皮鞋匠静静地听着。"你觉得这个地方要把描写的重心放到哪里去？

生：妹妹。

师：我也觉得应该放到妹妹身上。文章又不是讲皮鞋匠会弹琴、会欣赏音乐。这算不算是个缺陷？

生：对。

师：我想问大家，是不是教材就是最好的？

生：不一定。

六、欣赏

师：世界上没有所谓最好，只有独立思考才是最好的。好！那我们现在想一想，《月光曲》为什么能成为世界名曲？只有在西方的音乐里面，月光才会这么美妙吗？不是。在所有的音乐里，月光都是艺术的形象。现在我想请大家一起欣赏这些音乐。我想给大家提一个要求。一会听音乐的时候，也要感受一下你头脑中浮现的画面。先听流行音乐——蔡琴的《月光小夜曲》。

（生欣赏音乐）

师：好听吗？

生：我们平时不听这种。

师：这是大叔喜欢的。歌曲借月光表达了什么？

生：思念。

师：你们喜欢的歌有包含月光的吗？周杰伦的歌里有吗？再听听这首。

（生欣赏李健的《贝加尔湖畔》）

师：听到歌的时候你脑海里有画面吗？

生：有。

师：月亮照着贝加尔湖，它也是表达爱情的。看样子，月光经常被用来表达爱情。爱情离我们很远，月亮倒是离我们很近。刚才都是些流行音乐，还算不上经典。贝多芬的《月光曲》是世界经典。中国也有世界经典。我们听这首。

（生欣赏《二泉映月》）

师：你们知道这个故事吗？这个故事倒不是杜撰的，而是真实的。这是盲人阿炳创作的《二泉映月》。还有更经典的中国民乐，如这首《春江花月夜》。

（生欣赏《春江花月夜》）

师：可惜《春江花月夜》没有像这样一个流传很广的故事。如果你愿意给《春江花月夜》写一个故事的话，也许会像《月光曲》一样，故事跟曲子一起流传。最后再听一首有民族风味的——《月光下的凤尾竹》。

（生欣赏《月光下的凤尾竹》）

生：《月光下的凤尾竹》给我的感受是在月光底下，一片竹林中，竹枝随着风轻轻地舞动着。

师：嗯！有竹的意象，“舞动着”的过程，还可以用更多的词语来描写。

生：我对《贝加尔湖畔》的感受是：我在幽静的小路上，然后看到湖边有一个女子恬静的脸上带着一丝微笑，清幽的月光投在她的脸上。

师：非常好！你想的是自然景色，她想到的是一个女子的表情。表情，其实也是一个内心的表达。

生：我想到了在贝加尔湖上，清幽的月光照在湖上，显得更加地幽静，仿佛在水上看到了一位在行走的游侠！

师：男孩子跟女孩子就是不一样，女孩子看到的是恬静的女孩，男孩子看到的是游侠。但是，这个地方似乎不太适合游侠。

生：听了《二泉映月》，我仿佛看到了一轮明月升上了天空，为两个泉眼涂上了银色的光环。

师：他说了两个意象，有月亮和泉眼。《月光曲》是月亮和大海，我们这里是月亮和清泉。“明月松间照，清泉石上流。”上面我们听了五首曲子，都很短。但是都有一个共同的特点，它们都有月光，加上我们今天学的《月光曲》。现在要布置一个稍微难一点的作业。你们听了这些曲子以后，写一写《音乐和月光》，让我们做一次小小的探索，看看月光在音乐里面分别会表达一些什么样的情感。如果你觉得这个太难了，我再布置一个简单一些的。请你听了任何一首曲子之后写两个比喻句。这两个比喻句要求用到三个词语，即：清幽、恬静、幽静。这个作业必做。

七、名师点评

你和课堂，最美的样子

——评《月光曲》的教学

陈敏华

1

耀红老师写过一首歌，《最美的自己》。在《月光曲》这堂课里，这首歌有过“惊鸿一瞥”。

第二节课伊始，耀红老师播放 MV，让学生欣赏。“我是世界唯一的唯一，我就做最美的自己”等歌词被学生记住，并喜欢。

毫无疑问，这是课堂的闲笔。但这看似不经意的闲笔，却让课堂有了更深的意味。

它改变了课堂节奏，给了课堂一个深邃的景深。就像一个农人终于直起自己的腰，扶着锄头，眺望着远方的山岗和头顶的云朵。尽管几分钟过后，他又将把身心重新埋进地里的庄稼，但此刻的远眺，让他有了更开阔的劳动背景（或者课堂背景），更辽远的情感追求（或者教学追求），甚至，更广大的心灵视野。

也因为这一课堂闲笔，我不禁“直起自己的腰”，跳出既有的观察视角，开始“眺望远处的山岗和头顶的云朵”，让我得以从形而下的对教学设计的审视，进入形而上的对课堂理想的探寻中。

2

什么是课堂应有的样子？

以课标观之，一定是指向核心素养培育的、扎实有效的。

此课录于2017年的12月。斯时，统编语文教材已开始试用，但六年级教材沿用的仍是旧版。对比两版教材，区别在一处：对“通过联系和想象表达艺术感受”，旧教材停留在欣赏与感受层面，课后选做题为“如果有条件，听一听《月光奏鸣曲》”；统编教材课后选作题为“听一听自己喜欢的音乐，展开联系和想象，把想到的情境写下来”，明确地指向表达。从读到写，统编教材较之旧教材有了进阶要求。

手握旧教材的耀红老师，是怎样做的呢？

我们梳理一下两堂课，大致流程如下：1.复述课文；2.分角色朗读；3.话题讨论；4.细读“月光曲”；5.引入资料，揭示真相；6.独立思考，质疑课文；7.欣赏众曲，表达感受。其中，1、2、4指向两版教材的共同教学目标，7为统编教材的进阶目标，3、5、6是耀红老师的“自选动作”。

目标如此，达成如何呢？

先说教材“规定动作”。

我重点说说个人非常激赏第4部分“细读‘月光曲’”的板块——这是课文的重点和难点。事实上这一段也是课堂中的“高光”时刻，极尽文采；而耀红老师的设计，也足见匠心。

通过阅读想象文字所描绘的画面，感受乐曲的美妙，这是阅读的难，是为第一层难。音乐拿来听，文字拿来读，用无声的文字表达有声的音乐，这是写作的难，是为第二层难。一般课堂，仅仅带着学生去解决第一层难，耀红老师却从“高处”入手，双管齐下。

师：听音乐的感受要用文字来表达，有什么好办法来解决这个困难？

生：我觉得可以用月光下的景色来表达听《月光曲》的感受。

师：用一种很形象的东西去描写乐曲带给你的感受，把乐曲化为很形象的画面。是不是这样？

生：我跟他一样，《月光曲》当然要写月亮升起的画面。

生：我觉得可以用触景生情的方法。

师：我现在触的不是"景"？我触到的是"音乐"。那就是触音乐生画面。

生：我觉得是音乐能触到心。每个人都有自己的感受，要的是每个人自己心里的画面。

这种细读前的角色转换性思考——将作为读者的学生转换为写作者，充分调动学生已有的写作经验。学生从借景抒情，到触景生情，再到触乐生情，最后有了自己独特的思考——"音乐能触到心。每个人都有自己的感受，要的是每个人自己心里的画面"。

其后紧扣变化，耀红老师带着学生读出这段文字的四幅画面，想象、揣摩画面风格，巧妙地把视觉的画面（水天相接等），转化为内心的感受，即音乐的风格（辽阔等）。这一板块的学习可谓巧妙，亦甚扎实，为第 7 板块，即写作做了极好的铺垫。

在第 7 板块中，耀红老师播放了各门类关于"月光"的音乐。流行歌曲、民族歌曲、民乐，不一而足。要求仅一个："听音乐的时候，也要感受一下你头脑中浮现的画面。"有了第 4 板块的方法引导，学生想到的画面有自然风景，有人物表情，还有经典意象，非常丰富。而这些画面，有一个共同点——连着学生自己的内心感受，出色地完成了新旧两版教材的教学目标。

一般课堂如此，可谓优秀。然，以耀红老师对"山岗"和"云朵"的追寻，断不会止于此。

3

什么是课堂最美的样子？

此问世间似无定论，但答案中一定少不了这个词语：开放。

一个词，两个字，简单，朴素，一年级就认得、会写，但要实现，何其之难！

它以“课堂应有的样子”为基石，在此之上，更有自己的价值追求和行为导向。如果说课标是对全域内该学科课程的集体性规定，那它就是心怀理想与绝技的教师的个性化追求。

在《月光曲》一课中，第3、5、6板块的“自选动作”，耀红老师其意，就是眺望“山岗”和“云朵”，追寻“课堂最美的样子”。

4

开放，意味着师与生在课堂上呈现出最真诚的状态——没有拘束，自然而然的真诚。它以平等为基础，但比平等内涵更丰厚，意味着更新鲜、更活泼的思维状态与生命状态。

一起看看课堂的第3板块。耀红老师让学生自己发现“这个家庭不同寻常的东西”后，出示了一张照片，让学生给照片取名字。

这个简单操作背后其实有大玄机。

首先是同质点。自由思维与表达如放风筝，风筝能够飞多高就飞多高，但风筝线必须紧握在手。此处的同质点即为风筝之“线”。《月光曲》中的兄妹家庭清贫，兄妹，尤其是妹妹却热爱艺术，让人心生敬意。而照片里的孩子伏在凳子上做作业，家之清贫尤甚，向光而行之姿态亦坚，同样让人心生敬意。这是思维与表达的基石。

然后是动情点。于都市孩子而言，普遍家境不错，学习环境多宽敞明亮，学习设备齐全。照片中的孩子却在陋巷中伏凳作业，孩子们不光没有过这样的经历，恐怕都没见过这样的场景。同是年少求学，斯人如是，心中难免涟漪微漾。真诚于是暗涌。

最后是思维（亦即情感）发散点。给照片取名字，就是考查学生对照片的理解力（信息读取能力），对照片的思考力（信息思辨能力），以及由课文到照片的情感迁移。我们看到孩子们取的名字各有所指、所喻，且有虚有实，呈现出孩子们思维的自由开放。当《假如有一张书桌》这样的标题横空出世时，学生的思维、情感与表达便如烟花，绚烂地绽放空中。

5

开放，意味着须“开窗放入大江来”。一切有利于学生成长，有利于学生形成情感的潮汐、思想的江河、生命的海洋的课程资源和教学资源，皆可为我所用。所以，照片、《〈月光曲〉真正的来历》、有关月光的歌曲的引入，等等，成了这堂独特而深邃的风景。

这堂课，耀红老师的主题定为“教材重构”。这当然不是在2017年的旧版教材年代，对统编教材教学目标的靠近；其剑指“教师如何依据课标精神，整合一切适合学生学习的课程资源，发展学生核心素养，涵养学生生命气象”之目标。

目标的确定，取决于教者的学术视野、思维深度和自身的生命气象。

照片引入，指向课文情感迁移与表达；《〈月光曲〉真正的来历》，指向历史真相和思维独立；有关月光的歌曲，指向音乐欣赏和艺术表达。三类资源的引入，涵盖情感、态度、价值观，构筑成一个多维、立体、丰富的课程结构。让一篇不足千字的小课文，扩充成一个艺术欣赏、历史辨别、价值确立的大课堂。

在《月光曲》一课中，最浓墨重彩的一笔，当属引入《〈月光曲〉真正的来历》的引入，以及其后学生对课文的质疑。

当耀红老师带着学生把目光从历史的真相转回课文时，一种思想的洞见就隐藏其中了。对与史实相悖的课文，学生可喜之，可恶之，喜恶皆出于真心，也各有缘由，这种观点的并存，乃思想的包容。

对课文的质疑，却关乎思维力度与生命姿态。在耀红老师的开启下，孩子们一个个目光如炬，纷纷检视课文的细节、逻辑、表达等各个方面，很多地方都质疑得合情合理。这种质疑，开启了学生

“不唯书”的意识，是学生思想独立的肇始。

然，以耀红老师倡导之独立思想，观照此课之评析，我或许当指出以下的质疑以待商榷：

生：请大家看第2段：他在一条幽静的小路上散步，听到断断续续的琴声，从一所茅屋里传出来。请问贝多芬怎么听到的？

师：怎么听到的？

生：他聋了呀！

课文的写作是独立的，自成一个逻辑。它既为虚构，当不以历史的真实（此时贝多芬已聋）为前提。历史的真实属于另一个逻辑框架。学生此处的质疑是把历史的真实和课文的逻辑混为一谈。因属课堂生成，非此前预设，即使引导有误亦为难免，终究瑕不掩瑜。

行文至此，忽忆及《伯牙鼓琴》。我意不在伯牙子期高山流水之相知，而在伯牙琴音中的高蹈气象，“巍巍乎若太山”“汤汤乎若流水”。

课堂之开放，亦能带来同样的高蹈气象：思想如泰山巍峨，精神如大海浩瀚。

它实是“独立之精神，自由之思想”的课堂表达，是学生在生命成长期最重要的“思想补钙”，是“开阔、充沛、丰盈”生命气象的有力涵育。

它成就了课堂、教师、学生最美的样子！

（作者系湖南教育报刊集团副编审，《湖南教育》副主编）

第十六课

诗画相生

——《芙蓉楼送辛渐》课例研究

一、聊天

师：你们读到六年级了，能够背诵哪些古诗啊？

生：背诵《闻官军收河南河北》。

（掌声）

师：你是不是有点点紧张？其实，没事。再请同学来背一背。

生：背诵《元日》。

（掌声）

生：背诵《清明》。

生：背诵《咏鹅》。

师："白毛浮绿水，红掌拨清波。"背的时候，最好有节奏感。像这里，就得舒缓一点，慢一点。现在请你们谈谈对中国古诗的感受与印象。如果你喜欢，就告诉我原因；如果你不喜欢，请说明理由。

生：我喜欢古诗，因为它是我们的国粹，就跟象棋一样。

师：你知道"国粹"这个词，挺牛啊。有没有跟他看法一样的？举手看看。有几位同学同意他的看法。那有没有跟他看法不一样的？请观点不一样的同学来发表一下看法。

生：我喜欢古诗，是因为古诗的节奏感很强。

师：嗯，班上到底有没有不喜欢古诗的呀？

生：我觉得古诗整体上还好，只是不太喜欢楚辞、汉赋，那里面很多字太生僻了。

师：你还知道楚辞、汉赋啊，看来课外阅读真的挺丰富。不过，你现在还没有学过，不用太担心明天的事！

（生笑）

生：我不喜欢古诗。因为我不懂古诗里一些字或句子的意思。

师：我特别欣赏你的真实与勇气。有的古诗确实挺难懂，不过，它的魅力可能就在“难懂”之后的“明白”。因为作为经典，它已经流传了很多年。时间造成了一些语言的隔阂，所以可能不太好懂。你读多了，就会觉得并没有那么难。

生：我不喜欢古诗，因为背了很多古诗，记了很多古诗，常常把古诗的作者和他写的诗弄混乱。

师：记错了就让你不喜欢？

生：嗯，感觉自己对诗人有点不尊重。

（大笑）

师：哎呀，也是。要是你的作文被套上你们班另外一个同学的名字，你会很不高兴，对吧？好像这是版权意识，其实是对人的尊重意识。刚才，我们是在聊天。今天我们再学一首古诗，如果你本来就喜欢古诗，那看会不会让你进一步喜欢；如果你不太喜欢古诗，那看看会不会改变你的看法。

【点评：无拘无束的景象，自由自在的呼吸。或许，这是一堂好课的生命状态吧。课前的聊天，诙谐、幽默、亲切，从未见过他的孩子，顿时喜欢上他。一个个都敢于表现，善于表现。】

二、以画解诗，整体理解

师：今天我们学一首古诗，题目是……

（课件展示诗题）

生：《芙蓉楼送辛渐》。

师：你是不是马上想问：芙蓉楼在哪里？是不是在我们芙蓉区？

（生笑）

【点评：温润的笑容，调侃的语言。教学从笑声中开始，从民主、

和谐、融洽的氛围中开始。】

师：辛渐是谁啊？他是个什么样的人？这些，也都可以问。不过，一首绝句才28个字，根本没有办法理会这么多问题。诗歌只是扣住一个字来展开，你说，是哪个字？

生：送。

师：对。谁送呢？

生：王昌龄。

师：你们学过他的诗吗？

生：学过。

师：哪一首？

生：《芙蓉楼送辛渐》。

（众人大笑）

（生齐诵《出塞二首·其一》：秦时明月汉时关，万里长征人未还。但使龙城飞将在，不教胡马度阴山）

师：学会古诗，从读开始。先请你们自由读两遍。第一遍，请拿出笔，标出你觉得诗里特别好的几个“字眼”；第二遍，体会诗里的感情，我想观察你们读诗时脸上是种什么表情。

（生齐读古诗）

师：我发现，有些同学读的时候，脸上是带着微笑的。你们也给别人送别过吗？有特别开心的送别场景吗？这首诗里写的场景是不是会让你微笑？再读一次吧。

（生再齐读古诗）

师：我们都知道，诗歌要能够默写。有一个同学在默写这首诗的时候，总把“孤”字写成这样。（板书：子爪）我们来想个什么办法提醒他，让他一辈子都记住不能这样写。可不可以？

生：可以这样记住这个“孤”字：“一个孩子在吃西瓜……”

师：是个好办法！“孤”字的右边，是个“瓜”字。瓜子肯定是孤独的，一粒一粒的；爪子当然不会孤独，五个手指会连一起。另一个同学把这个词也写错了。（板书：平民）那能用什么办法来提醒他呢？

生：可以让他记住这句话的意思，就是“在清晨的时候，把客人送走了”，“平明”在这里表示的是“时间”。

师：一幅画，可以表现诗意；而一首诗，也可以点明画意。诗与画，喜欢配在一起，诗画合一。现在，我很想给《芙蓉楼送辛渐》这首诗来配上一幅相应的画。你们看，我选了这一张。我不知道自己选的这幅画是否合适？现在，大家来参考。请你一边读诗，一边看画，或与同桌讨论。你觉得，用这幅画当插图，到底是合适呢，还是不合适？请联系诗的内容，说出自己的理由。

（生读诗，小声讨论）

师：发表意见之前，再来读读这首诗。思考将这幅画作为该诗的插图，可不可以？看谁的观察最仔细，看谁说得最有道理。

生：我觉得将这幅画作为插图，不是很合适。因为，我感觉此画中的四个人是出来游山玩水的，而不是依依不舍的离别。

师：观察得很细致啊，发现诗与画的氛围不对。还有没有别的发现？

生：我觉得不可以。因为诗中所写是太阳刚刚出来，而画中所画已经天大亮了。而且，他们四个人还在喝酒。

生：我觉得画中的季节与诗里的季节也不一样。诗中的季节估计是在秋冬之时，因为有“寒雨”。

师：非常好！都把“寒雨”这个词标记一下。画上的季节估计是什么时候？

生：秋天，大雁飞走的时候。

生：我觉得插图不合适。“平明送客楚山孤”，可图上画了四个人，无法体现“楚山孤”的意境。

师：有道理。

生：这幅画好像是“两个黄鹂鸣翠柳，一行白鹭上青天”的意境。

生：我也觉得不合适。诗中有“寒雨”，按道理，画里也应该有雨，可是这里没有。

师：这也是一个重要依据。

生：诗中所写是“送别”，把人送走了。但画中呢，人物都还在欢聚。

师：大家说了那么多，得出一个结论：这幅画不适合作为古诗的插图。一看画里的太阳，就知这不是“平明送客”，不是“夜”，也没有“寒雨连江”。二看画中人物。四个人欢聚，并没有体现“楚山孤”。三看大雁，这是深秋，没有凄寒与孤独的感觉。四看画的意境，并不开阔。你发现没有，评画的过程，其实也是解诗的过程。评完之后，我们再来读诗歌。

（生齐读古诗）

【点评：在教育的词典中，最没有力量的一个词是“告诉”，最好的一个词是“体验”。课堂教学面对的是一个个生动的、活泼的、独特的个体，因此，我的感受不能代替你的理解，你的思考不能代替我的想法。“珍视学生独特的感受、体验和理解”的前提是教师能为学生表达独特的体验提供时间和空间。黄博士出示的这幅画，不仅仅让学生畅所欲言，说出了自己独特的体会，而且学生在观察画、思考画适不适合做插图时，已经对诗歌的整体色彩基调、情感基调有了初步的了解。从学生的回答可以看出：诗歌的基调应该是孤寂的、凄寒的。】

三、想象场景，沟通体验

师：不知大家是不是发现过一个秘密：在古诗词里，送别诗最喜欢的地点是在江边、在楼上，送别时最喜欢写的是喝酒。那我们是不是问问自己，送别选在江边、在楼上，究竟有哪些用意？

生：从流水，会想到离情；由高楼，会想到目送。

生：我觉得，主要原因是古人的交通工具多为船只。

生：可能多在模仿李白的《赠汪伦》。水在不停地流动着，似乎能将离别的悲伤一起带走。

师：呵呵，发现你确实有那种文学少年的潜质。现在，我们请班上的男生读前面两句，他们读的时候，女孩子请把眼睛闭上，想象一下画面。然后，换过来。女同学读后面两句，男同学把眼睛闭上，想象画面。开始吧。

（男生读前两句，女生读后两句）

师：我们都把眼睛闭上，背一遍。一边背，一边想诗歌的情景与画面。

（生背诵诗歌）

师："寒雨连江夜入吴"，请告诉我，你脑海中浮现的画面和你内心里触发的感觉。

生：夜晚的雨，淅淅沥沥地下着。这是一种很凄凉的感觉。

师：很凄凉的感觉来自"夜"这个字，对吗？这感觉，还在别的字上体现了吗？

生："寒雨"，给我的感觉也很凄凉，因为它寒冷。

生：我从"寒雨"这两个字中体会到的不只是凄凉，还有孤独。

师：孤独的感觉从何而来？联系诗句来说。

生：平明送客楚山孤。

师：太好了，“楚山孤”给你一种孤独感。我想问的是，这里应当是诗人感到孤独啊，可为什么说是“楚山孤”呢？

生：以前，他们总是两个人去楚山。现在呢，走了一个人，所以感觉很孤独。

生：“楚山孤”是一种描述，描述一座山孤零零地立在那里。

师：山并不知道孤独，为什么要说它孤独呢？

生：因为山和诗人一样，是一体的，都是那么孤零零的。

师：山孤零零的，只是诗人个人的感觉。如果没有送别这一特定的场景，或许，他也并不觉得楚山是孤零零的。正是由于送别，诗人自己的孤独才转换到了那座山上，山也成了孤独的。所以，诗人把自己的感情移到大自然的万物中去了。是不是这样？“寒雨连江”给你什么样的感觉呢？假如是一条小溪，上面飘着雨，这个时候，或许你并不会有太多的感觉。现在呢，是辽阔的长江江面上飘着雨，这在视觉上给你什么样的感觉？

生：越开阔，越孤独。天上下着的雨，点点都落到宽阔的长江里。

师：非常辽阔的境界，水天相接的感觉。这种辽阔，反衬出凄寒与孤独。

【点评：课堂不仅仅是“珍视学生独特的感受、体验和理解”，更要以此作为经验生长的起点。这是对学生的尊重，更是教学的智慧。你看到，黄博士特别尊重孩子阅读的初始体验：“读到这两句诗时，你的感觉是什么？”在他引导之下，孩子说出了读到这首古诗之后的整体感受：隐含在雨、山、江之中的寒冷、孤独与开阔。】

师：在古诗中，雨，总是表达送别与分离。雨的前面，常有不同的修饰语。刚才讲的是“寒雨”，它表示的是季节，也映衬了诗人的心情。假如是春天的雨，就叫作“春雨”“好雨”“喜雨”。还记得杜甫的《春夜喜雨》吗？

生（齐诵）：好雨知时节，当春乃发生。随风潜入夜，润物细无声。

师：那一起读读这些含“雨”的诗句吧。

课件展示：

渭城朝雨浥轻尘，客舍青青柳色新。——王维

好雨知时节，当春乃发生。——杜甫

何当共剪西窗烛，却话巴山夜雨时。——李商隐

梧桐更兼细雨，到黄昏点点滴滴。——李清照

师：心境不同，雨也不同。我们学的这首诗里写的是“寒雨”。那或许是一场瑟瑟秋雨，漫天的、冷冷的、凄迷的雨。寒雨连江，好像是一个不动的特写。其实，这境界，并不是静止的，而是流动的。哪个字能看出这画面的流动美？

生：入。

师：那是什么东西在动？

生：江面，江水。

师：对，时间在流动，江水在涌动。流到了哪里呢？

生：吴地。

师：吴，今江苏一带，三国时候即称吴。那么，芙蓉楼在哪里呢？就在南京附近一个叫镇江的城市。芙蓉楼，就是长江边上的一座木楼。江水在夜色的掩护下悄然流入吴地，又悄然流向远方。想一想，诗里清冷而迷蒙的意象，就这样悄然无声地流动着。

生：诗人想用这江水的流动，来抒发感情，把离别的悲伤抒发出来。

师：非常好。刚才大家标记这个“孤”字了吗？现在，我们试着给“孤”字组词。

生：孤独、孤单、孤立、孤寂、孤苦、孤零零、孤傲、孤勇、孤苦伶仃……

师：前面说“楚山孤”的时候，我讲，是诗人把自己的感情移到

了楚山中。如果不是这样，将“平明送客楚山孤”改成“平明送客离人孤”，那会怎么样？“楚山孤”和“离人孤”给你的感觉有什么不一样？

生：“楚山孤”更合诗的平仄，作者把自己比喻成楚山，也是借物喻人。

师：我不大喜欢你说的“借物喻人”。我喜欢说，“他把自己当成了楚山”，或者“把楚山当成了他自己”，把自己融入万物之中，而不是简单地“借物喻人”。是不是可以理解？呵呵。

生：“离人”还有另外一种意思，那就是死去的人。

师：细细想想看，“楚山孤”和“离人孤”哪种境界可能更开阔？

生：楚山孤。

师：楚山在天地之间，此时，整个天地都是孤独的。其实，“孤”字不仅在这首诗中出现了，古诗中也常常可以读到这个“孤”字。我们一起看看。

课件展示诗句，生齐读

众鸟高飞尽，孤云独自闲。——李白

此地一为别，孤蓬万里征。——李白

孤帆远影碧空尽，唯见长江天际流。——李白

孤舟蓑笠翁，独钓寒江雪。——柳宗元

师：你们看，人是“孤”的，云是“孤”的，蓬是“孤”的，帆是“孤”的，舟是“孤”的，其实，一切都因为人是“孤”的。诗人在送别好友辛渐的时候，他的内心是孤独的，朋友的内心也是孤独的，整个天地都好像是为他们两个人而存在，都是孤独的。只是有一点，他们这么好的关系，竟然说是“送客”，而不说是“送友”，那是为什么？

生：“客”就是来家里做客。

师：我的看法是，这里讲的是诗人和朋友都来到镇江，都是“做

客”。“客”这个字，给人的感觉总是漂泊。人越漂泊，就越孤独。

【点评：生命涌动的课堂，离不开孩子与文本的充分对话。真正的“对话”是心灵的相遇、相通、相知。我们看到，在黄博士的循循善诱下，孩子们深入文本，在与文本，与作者相遇、相知之后，体会到了“寒雨”中的寒冷、凄清与愁绪如江流之不息；“楚山孤”里的“孤”是作者将自己移到大自然中去了，整个天地为之孤独。在这里，黄博士凭借个人的文学涵养，依照“文字—文学—文化”的台阶，以诗解诗（如通过“雨”和“孤”，让人隐约领悟到中国诗歌中的“心物融合”）悄无声息地给孩子播下一颗颗文学的种子，也激发起他们对中华文化的深情。】

四、理解诗人，品味特色

师：看下面，读三四句。我们比较一下，“寒雨连江”给你的感觉是寒冷、凄清，而“亲友相问”会给你什么感觉呢？想想看，有好多你熟悉的朋友、亲人都来围着你问这问那，那你的感觉会是什么？

生：很亲切，很温暖。

生：很甜蜜，被那么多人关心着。

生：很温暖。我想象作者从南京客居后，转移到了自己的家里，他从孤独的意境里出来了。

【点评：孩子对于一首诗歌的欣赏能力，就这样一点点地表现出来了。他们对诗的理解正在一步步加深】

师：你有个词说得很有意思，这个词就是“转移”。诗人真的人“转移”了吗？没有吧，那他只是在假想着。是不是？

生：我觉得非常温馨。一个人独自在外，终于回家，温馨得很。

师：这首诗的调子，前两句是冷的，后两句则是暖的。可惜啊，这温暖的调子存在于哪里呢？

生：存在于想象中。

师：这种想象中的温暖，愈发衬托出现实中的“寒雨”“孤山”。诗的最后一句，我们一起来读。

生：一片冰心在玉壶。

（课件展示“冰”的图片）

师：冰心，你对这两个字的感觉是什么？首先我问，冰会给你什么样的？

生：冰，给我的感觉是透明、晶莹剔透。

生：冰，给我的感觉是冷。

师：诗中是哪一种意思？

生：晶莹剔透。

师：当然也有些“冷”，不过，不是寒冷，而是“高冷”，挺孤傲的，也可以说是“冰清玉洁”吧。“一片冰心”是作者自道。他说，我那颗冰清玉洁的心，晶莹剔透的心，不改初衷的心，不染杂质的心，依然在啊。在哪里呢？在玉壶。玉壶给你的感觉是什么？

（课件展示玉壶的图片）

生：凉冰冰的。

师：是吗？那“玉”给你的感觉是什么？

生：“玉”其实是一种很特别的石头。

师：我们把后面两句读一遍，然后再请大家看一份简历。从这份简历里面，你们会发现什么？王昌龄，他够不够格说自己有“一片冰心”？

（课件展示王昌龄简历）

（一）在长安

公元 698 年　出生

公元 727 年　进士及第　30 岁

公元 732 年　上书玄宗　35 岁

（二）发至边塞

（三）博学鸿词科考试

公元 734 年　考第一名　37 岁　任汜水县尉

（四）被贬岭南

公元 738 年　41 岁

（五）赦免，任职江宁

公元 739 年　42 岁

公元 748 年　江宁“青龙柏木事件”　51 岁

（六）再贬龙标

（七）被暗杀

公元 757 年　濠州　60 岁

【点评：孩子与文本的对话，不仅在于理解文本，更在于超越文本。这里，黄博士领着学生理解了诗人那颗不染杂质的“冰心”，却又特意呈现王昌龄一份简历：孩子们再次走近作者。大家看到王昌龄有过一贬、再贬、三贬的曲折经历，却依然高贵。他的“冰心”就是那种不改初衷的、晶莹剔透的士大夫精神。】

师：王昌龄 35 岁的时候，曾上书当时的皇帝——唐玄宗。他讲述了皇帝执政 20 年来的利弊，皇上很不高兴，于是把他派到边塞参战。他自己很争气，马上通过考试，得了第一名。皇上没有办法，就让他做了一个县尉。但是，他被朝中小人李林甫陷害了。40 岁的王昌龄，再次被贬，贬到岭南，在现今广西一带。后来被召回到朝廷，到江宁做官，即今南京。这首诗就是写在他在江宁的时候。后来，江宁发生了一起叫“青龙柏木”的事件。青龙柏木，是一种非常珍贵的树木。朝中李林甫、高力士他们要把这种树砍掉，送到朝廷中去。王昌龄不同意，他要为老百姓考虑。于是，王昌龄再次被贬到龙标。李白为他写了一首诗。60 岁的时候，王昌龄又被贬了，在被贬的途中，被他的政敌所杀。王昌龄一贬、再贬、三贬，但在被贬的过程中，他始终敢于向皇帝提意见，敢为老百姓说真话。用诗歌中的一个句来形容，这就叫作……

生：一片冰心在玉壶。

师：不管被贬到哪里，他始终都是那种情怀。既表达了自己对朋友的离别之情，又表达了自己的情怀，是这首送别诗的特点。大家站起来吧，我教大家怎么深情读诗。注意，要把你对这首诗的感觉全部放进去，像“寒、入、孤、冰心”这些关键字，都要特别注意。

（生深情读诗）

师：我们来回顾一下，这节课是怎么来欣赏古诗的呢？首先要找出关键的字词。（板书：寒雨、孤山、冰心、玉壶）这样之后呢，比较如何写雨、怎么写“孤”的，怎么理解“冰心”，又怎么理解“玉壶”？如此不停地回味，才进入了诗的情境。现在我给大家配上音乐，你们再读一遍。

（课件展示古诗欣赏的步骤：细读—比较—发散—品味）

（生伴着音乐齐诵古诗）

【点评：以文生情，以声传情，以情动人。】

四、诗歌比较，同题鉴赏

师：其实，当年王昌龄还写了一首诗，送同一个人，在同一个时点，同一个地点，诗却写得不同。学的那一首很有名。这一首，却没有名气。我们还是来读一读。

课件展示：

芙蓉楼送辛渐·其二

丹阳城南秋海阴，丹阳城北楚云深。

高楼送客不能醉，寂寂寒江明月心。

师：发现两首诗里相同的地方吗？

生：都有“送客、楚山、寒江”，这首诗里有“明月”和“心”。

师：你们说说，同时写的两首诗，为什么这一首没有刚才那一首有名？换句话说，这一首不如第一首的地方在哪？

生：第一首诗运用了自己的想象。

师：是的，第一首诗运用了自己的想象，让画面转移到另外一个空间。非常好，要给这个同学记高分。

生：第一首诗是在写送客，而这一首一直在写景和自己的内心。

师：这首诗没有写到“楚山孤”那种空旷的意境。

生：前一首，前两句和后两句之间形成了鲜明的对比。

师：冷暖对比。这首诗也是写在楼上送别的。他是谁？

课件展示：

黄鹤楼送孟浩然之广陵

故人西辞黄鹤楼，烟花三月下扬州。

孤帆远影碧空尽，唯见长江天际流。

生：李白。

师：果然又是在江边，果然又是在楼上，果然又是在送别。这首诗中，你最喜欢的是哪一句？

生：最后一句。我觉得非常有诗意，帆船消失在水天相接的地方。

师：船消失在水天相接的地方，画面外一定有一个人在看，他在目送。太好了，我也很喜欢这一句。还有要发言的吗？那位女同学，你没有发言，我也请你说说。

生：我喜欢第三句。

师：这首诗与前面那首诗有什么不一样啊？这个画面给你带来的感觉是什么？

生：诗里有温暖的感觉。我从第二句可以感受得到，“烟花三月下扬州”。

师：“烟花”是什么花？

生：开满了的花。

师：那是什么季节呢？

生：春天。

师：这首诗是“烟花烂漫”的季节，不是“寒雨连江”的季节。画面要明快得多，但它也表达了离别之情。我们再读一读。

（生齐读古诗）

师：读一读：平明送客楚山孤。

（生读）

师：再读：孤帆远影碧空尽。

（生读）

师：这两个“孤”感觉一样吗？

生：不一样。前一首讲的是王昌龄把友人送走之后，自己空落落的感觉；而这首指的是茫茫大江上只有孟浩然乘坐的一艘船。

师：是那种慢慢送别时感到的孤独，不是刹那间感受到的空无一人的孤寂。

【点评：在送别场景里，细细体会这些情感上的细微之处。】

师：你们以后会发现，在中国的送别诗中，经常提及一条重要的江——长江。李白的送别，发生在武汉的黄鹤楼；王昌龄的送别，发生在位于长江下游城市——镇江的芙蓉楼。长江边到底有多少送别的场景啊！千古送别诗，就在不同的年代、在不同的诗歌里流淌。于是，这条江，流在现实的时间里，也流在古典的诗歌里。

（课件展示长江流域分布图）

师：我们以后还可以读到更多送别诗。今天我们的课是不是超过时间了？

生：没有。

（众笑）

师：拖堂了。对同学们不起，下课。

五、名师点评

诗画相生

——《芙蓉楼送辛渐》课例研究

刘英姿

听黄博士上古诗课无疑是一种享受，这是我和全体听课的老师发出的感叹！谁都愿意听这样的老师上课——轻松、轻盈、轻快，时不时开个小玩笑，来点小幽默，师生之间犹如邻家的伙伴；谁都愿意听这样的老师上课，生动、丰富、深刻，妙语连珠，诗意奔腾，眉眼里写满了诗与远方。无拘无束的景象，自由自在的呼吸，空灵辽阔的思绪，畅所欲言的表达……与其说这是一堂古诗课，不如说这堂课本身就是一首诗，诗与画相映生辉，师与生相映成趣。

一、一“画”卷起千层浪——有独特的活动，才有独特的表达

一幅画，可以表现诗意；而一首诗，也可以点明画意。对于古诗学习而言，读好、读懂是基础。如何激发孩子兴致勃勃地好好读诗，想方设法理解古诗，读出自己的理解呢？黄博士的做法总让人意想不到。“我很想给《芙蓉楼送辛渐》这首诗来配上一幅相应的画。你们看，我选了这一张。我不知道自己选的这幅画到底是否合适？现在，大家来参考。请你一边读诗，一边看画，或与同桌讨论。你觉得，用这幅画作插图，到底是合适呢，还是不合适？请联系诗的内容，说出自己的理由。”

诗中有画，画中藏诗，一“画”卷起千层浪。这幅画，不仅仅让学生畅所欲言，说出了自己独特的体会，而且学生在观察画、思考画适不适合作插图时，已经对诗歌的整体的色彩基调、情感基调

有了初步的了解。从学生的回答可以看出：诗歌的基调应该是孤寂的、凄寒的。老师缘何能有如此巧思？我想缘于老师对古诗本身特点的深刻感受，缘于老师对教育真谛的深刻体会：在教育的词典中，最没有力量的一个词是“告诉”，最好的一个词是“体验”。“珍视学生独特的感受、体验和理解”的前提是教师能为学生表达独特的体验提供时间和空间。

二、两“山”排闼送“情”来——有创意的点拨，才有深沉的懂得

课堂不仅仅是“珍视学生独特的感受、体验和理解”，更要以此作为经验生长的起点，这是对学生的尊重，更是教学的智慧。如何基于孩子的阅读能力和阅读经验，带领孩子进一步走近古诗、走近诗人的内心？如聊天一般推心置腹的伙伴式共情是黄博士的高超之处。“不知大家是不是发现过一个秘密：在古诗词里，送别诗最喜欢的地点是在江边、在楼上……送别选在江边、在楼上，究竟有哪些用意？”“读到这两句诗时，你的感觉是什么？”在他引导之下，孩子说出了读到这首古诗之后的整体感受：隐含在雨、山、江之中的寒冷、孤独与开阔。

黄博士的智慧绝不在于此。当我们都以为古诗教学已经水到渠成之时，黄博士的多个出其不意让人拍案称绝。

其一，一“雨”一“孤”串起一种文化

“在古诗中，雨，总是表达送别与分离。雨的前面，常有不同的修饰语。刚才讲的是“寒雨”，它表示的是季节，也映衬了诗人的心情。假如是春天的雨，就叫作“春雨”“好雨”“喜雨””。还记杜甫的《春夜喜雨》吗？”

“楚山在天地之间，此时，整个天地都是孤独的。其实，“孤”字不仅在这首诗中出现了，古诗中也常常可以读到这个“孤”字。我们一起看看。”

生命涌动的课堂，离不开孩子与文本的充分对话。真正的“对

话”是心灵的相遇、相通、相知。就这样，沿着“雨”和“孤”的体会，孩子们深入文本，与作者相知，与时代相遇；走出文本，与古诗中“雨”与“孤”相遇，与“雨”中的诗人相遇。孩子们不仅读懂了古诗、读懂了诗人，更读懂了藏在古诗中的“雨”和“孤”的文化！

其二，“一片冰心”读懂一个诗人

孩子与文本的对话，不仅在于理解文本，更在于超越文本。“‘一片冰心’是作者自道。我们把后面两句读一遍，然后再请大家看一份简历。从这份简历里面，你们会发现什么？他够不够格说自己有‘一片冰心’？”王昌龄的简历在老师的描述下缓缓铺陈开来，孩子们再次走近作者。大家看到王昌龄有过一贬，再贬，三贬的曲折经历，却依然高贵，也更加读懂了他的“冰心”就是那种不改初衷的、晶莹剔透的士大夫精神。

一首诗，一幅画，一个诗人，一种意象。诗歌是文学的母体，也是“文学的入场券”。黄博士凭借个人的文学涵养，依照“文字—文学—文化”的台阶，悄无声息地给孩子播下一颗颗文学的种子，以他的文学修为与课堂艺术，为我们展现了语文的真实与精彩！当然还不仅仅如此，结课前的同题诗比较，“长江”这条送别诗中最重要的江的惊鸿一瞥，一切都犹如一扇打开的窗，引领着孩子凭栏远眺，即使下了课，依然余音绕梁——

“千古送别诗，就在不同的年代、在不同的诗歌里流淌。于是，这条江，流在现实的时间里，也流在古典的诗歌里。”